本书由福建省社科研究基地
福建江夏学院财务与会计研究中心资助出版

资产评估质量问题研究

基于公允价值计量的视角

郭晓红　肖心悦　周凌燕　陈　育◎著

九州出版社

JIUZHOUPRESS

图书在版编目（CIP）数据

资产评估质量问题研究：基于公允价值计量的视角 / 郭晓红等著.
--北京：九州出版社，2021.9
  ISBN 978-7-5225-0582-4

  Ⅰ.①资… Ⅱ.①郭… Ⅲ.①资产评估－研究
Ⅳ.①F20

中国版本图书馆CIP数据核字（2021）第204754号

资产评估质量问题研究：基于公允价值计量的视角

作　　者　郭晓红等　著
责任编辑　王丽丽
出版发行　九州出版社
地　　址　北京市西城区阜外大街甲35号（100037）
发行电话　（010）68992190/3/5/6
网　　址　www.jiuzhoupress.com
电子信箱　jiuzhou@jiuzhoupress.com
印　　刷　艺通印刷（天津）有限公司
开　　本　710毫米×1000毫米　16开
印　　张　13.5
字　　数　152千字
版　　次　2023年1月第1版
印　　次　2023年1月第1次印刷
书　　号　ISBN 978-7-5225-0582-4
定　　价　68.00元

前　言

　　资产评估行业是现代高端服务业，是经济社会发展中的重要专业力量。未来，资产评估的服务领域和市场空间无限广阔。响应国家发展战略，提高资产评估质量具有重要意义与现实需求。2014 年 7 月我国重新修订公布了《企业会计准则第 39 号——公允价值计量》。公允价值计量在多项会计准则中进行了大量的应用，推动了我国会计学及资产评估步入一个新的发展阶段。随着会计准则体系不断发展，公允价值计量模式得到广泛应用，其可靠性备受关注。在此背景之下，为准确、合理地确定公允价值，使会计信息质量得到更好的保障，资产评估起着重要的作用。为了能够更好地为会计计量工作服务，资产评估行业需要保证资产评估的质量。为了依法规范我国资产评估行业，提高会计信息及披露质量，有效引导资源配置，维护各市场参与者权益，构建资本市场发展新格局，《中华人民共和国资产评估法》于 2017 年 7 月经全国人大常委会通过，2017 年 8 月财政部发布《资产评估基本准则》，以后又陆续发布了多项资产评估具体准则。至此，我国资产评估行业执业法规体系搭建完成。此背景下，本书选定以公允价值计量模式下的资产评估质量影响为研究对象，力图为资产评估监管部门和资产评估机构加强资产评估质量管理、控制风险，提供建议。本书对课题前期研究成果论文进行了总结与修改。

本书第一、三章由郭晓红、陈育撰写，第二、四章由郭晓红、肖心悦撰写，第五章由肖心悦撰写，第六章由周凌燕、郭晓红撰写。

在此向提供修改意见的专家、学者们表示诚挚的感谢！

目 录
— CONTENTS —

第一章 绪 论

第一节 研究背景

在现代新经济时代下，资产评估行业规模日渐扩大，在经济社会中占领着重要一角。在市场中，并购热潮愈演愈烈，资源配置与产权交易与日俱增，由于资产评估具有鉴证与咨询的专业服务作用，其发展空间无限广阔。响应国家发展战略，提高资产评估质量具有重大意义。企业管理者可以从高质量的资产评估中得到更精确的信息，从而在企业并购与重组等重大决策中做出正确决定，提高企业业绩。政府也能从高质量的资产评估中获益，更有效地保护国有资产，监管企业。2006 年，美国财务会计准则委员会（FASB）颁布实施 SFAS 157《公允价值计量》，提出公允价值层次理论；国际会计准则理事会（IASB）紧随其后，于 2011 年颁布 IFRS 13《国际财务报告准则第 13 号》，与 SFAS 157 趋同。我国《企业会计准则第 39 号——公允价值计量》在 2014 年发布，在颁布的 41 条企业会计准则的具体准则中，公允价值计量应用达到了 27 条之多。为了依法规范我国资产评估行业，《中华人民共和国资产评估法》2017 年 7 月经全国人大常委会通过，2017 年 4 月财政部发布《资产评估行业财政监督管理办法》，2017 年 8 月财政部发布《资产评估基本准则》，2017 年 9 月中国资产评估协会发布 25 项资产评估执业准则后，又陆续发布 5 项资产评估执业准则。至此，我国资产评估行业执业法规体系搭建完成。随着经济的发展，各行业的交互融合，会计与评估两个行业之间的相互合作也日益增多，二者的对接与融合日益重要。为深入学习、透彻理解并落实党的十九届五中全会精神，2020年12月9日，我国财政部召开座谈会，从评估行业成长、执业质量、市场环境改善等角度出发，明晰行业"十四五"发展规划。

资产评估活动兼具中介性与有偿性，同时涉及供给和需求两个维度，都以追求利润最大化为目标，在此过程中，资产评价报告被视为市场竞争博弈中的最终结果，其可靠性也会受到影响。例如，2014年，北京评估机构中同华在为天津民泰评定、估算股东价值时，与委托方串通舞弊[1]；2015年，在对罗顿发展股份有限公司所投资的商业广场的市场价值进行评估的过程中，广东评估机构中广信出具虚假评估报告，按罗顿发展事先预期的估值结果做出评估结论，评估结果严重失真[2]，均为此类案例。为贯彻落实行业准则，切合实际提高会计信息及披露质量，有效引导资源配置，维护各市场参与者权益，构建资本市场发展新格局，2021年1月27日，我国财政部、国资委、银保监会、证监会发布《关于严格执行企业会计准则切实加强企业2020年年报工作的通知》（财会〔2021〕2号文件），要求密切关注2020年年报编制和审计工作中会计准则贯彻不实、会计信息披露不充分、财务造假、在价值评估中擅用自由裁量权影响资产评估判断等问题。

本书对现有文献进行回顾与总结，以公允价值计量视角下的资产评估质量为研究对象，为我国评估管理部门和行业评估机构加强资产评估质量管理、控制风险、开拓进取提供建议。

第二节 研究意义

一、学术价值

本书以公允价值为切入点，重点探讨公允价值计量模式视角下，影响资产评估质量的机制及其效应；揭示公允价值、资产评估质量、资产评估质量影响因素之间的作用关系；重点研究了非活跃市场下资产评估质量，运用博弈论的方法，分析公允价值计量下资产评估质量评价策略及建议，提出了提高资产评估质量的策略。

二、应用价值

本书力图为资产评估行业发展规划提供有益建议，尤其能为资产评估师行业人才培养发展提供咨询服务。据福建省资产评估协会所提供的信息，福建省资产评估师现今仅千名左右，人才远远满足不了福建省的经济发展需要。从学历来看，福建的资产评估师队伍的学历水平较低，本科以上学历不到40%，而在美国等发达国家本科学历以上达到85%。资产评估师队伍的学历水平低，导致高层次人才的缺乏，造成评估业发展后劲不足，故而，提高资产评估质量也是迫在眉睫的任务。本书分析资产评估质量和未来的评估人才培养方向，引导评估机构加强内部管理，同时向资产评估的行业主管部门提供建议，以期为强化监管，引导评估行业人才培养，提高资产评估质量做出贡献。

第三节 国内外研究动态[3]

一、公允价值模式

（一）公允价值的涵义

美国与国际会计准则理事会对公允价值相关研究较早，影响较为广泛。19 世纪 40 年代，英国就在法律中要求企业在编制财务状况表时，做到"Full and Fair"。100 年后，英国又将 Full 更改为 True，这一改动得到了会计界的支持。这里的 Fair 我们理解成公允，包含着公平、公正、公认的意思。阿奈特认为，公允价值是财务会计的基础[4]；斯科特虽然认为公允价值计量方法不会取代历史成本，但重要性日益剧增[5]。2006 年 FASB 将公允价值定义为：市场参与者在计量日有序交易中从资产销售中收到或因负债转让而支付的价格[6]。

而我国引入公允价值较晚，相关研究始于 1995 年，且历程坎坷，一波三折，在引入与废止中反反复复。在 1997 年，黄世忠先生认为公允价值计量模式在新时代中的地位毋庸置疑[7]。然而层出不穷的公允价值的滥用现象，特别是人为操控利润的行为，使国内对公允价值的运用一直存在分歧与争论，2001 年发布的《企业会计制度》也回避了公允价值计量。直到

2006 年新会计准则体系发布，其中公允价值成为最大的亮点，引人注目[8]。葛家澍强调，公允价值计量与采用历史成本计量方法相比更具有逻辑性，因为前者是以价值为基础的，而后者以成本为基础，会计信息也更具有有用性[9]。2008 年金融危机爆发后，有关公允价值的运用又变得慎重，我国直到 2014 年才开始广泛推行。《企业会计准则第 39 号——公允价值计量》明确指出："公允价值是指市场参与者在计量日发生的有序交易中，出售一项资产所能收到或者转移一项负债所需支付的价格。"[10]

（二）公允价值和其他计量属性的辨析

准则中规定的计量属性主要有历史成本、重置成本、可变现净值、现值和公允价值。公允价值基于市场角度进行计量分析[11]，至于公允价值作为公允价格，更应在可靠性的基础上具有中立性，不应带有偏向，不应有利于或者有损于市场参与者的任何一方[12]。也有学者认为公允价值含有多种计量属性，包括但不限于历史成本、现行市价、短期可变现净值等[13]。龚光明对这观点表示赞同，认为市场环境、计量客体性质、评估方法等会影响公允价值的属性选择[14]。

二、资产评估质量

（一）资产评估质量概述

评估质量是资产评估赖以生存的基础，构建资产评估质量理论基础对实践研究具有重要意义。

1. 资产评估质量研究动态

以 1792 年英国测量师学会的成立为标志开始了科学评估阶段，它是世界上第一个资产评估专业组织。1981 年，英、美等 20 多个国家和地区发起成立了国际资产评估准则委员会（IAVSC），现更名为国际评估准则委员会（IVSC），于 1985 年制定了《国际评估准则》（IVS）第一版，以后又多次修订。在加强评估标准建设方面所做的努力也为高质量的评估提供了保障。有关主要研究，侧重于资产评估质量界定和衡量。尉京红将评估质量环境纳入资产评估质量基本构成要素，提出了评估结果质量、评估过程质量和评估质量环境统一的资产评估质量概念。[15] 宋夏云界定了资产评估质量，以关联交易完成后三到六年资产实际业绩与资产评估报告的业绩预测差异界定和计量资产评估质量。[16]

2. 资产评估结果准确性的研究

瓦尔迪（waldy）将评估准确性定义为资产评估机构出具的资产评估值与该资产市场价格的贴切程度。资产评估值与市场交易价格越接近，资产评估的准确性就越高。[17] 弗伦奇（French）从评估师评估资产过程的角度来论证评估准确性是无法去测量的，评估师依据能够模拟市场环境来对资产做出价值评估，所以评估师的评估结果应该是一个估计值，无法进行测量。[18] 克莱默等人（Klamer，Bakker，Gruis）认为估值师拥有一定程度的专业自主权，行使他们对价值估计的判断。然而，商业环境中的动态，如缺乏中心市场和产品异质性做出这样的判断容易产生估值偏见，形成判断偏差，这种偏差会对估值准确度产生影响，因此了解估值动态行为是必不可少的，有助于提高估值的准确性、监管和教育。[19]

3. 资产评估质量控制研究

张夺研究了资产评估质量控制的基本理论，包括资产评估质量控制的基本含义、评估质量控制功能等，提出了一套质量控制的操作模型[20]。

由于国内资产评估行业起步较晚，学者主要集中在理论研究。但对究竟什么是资产评估质量，其本质内涵是什么则较少涉及。在评估准确性问题的研究上，国内资产评估实证研究，特别是资产评估准确性以及质量方面的实证研究很少。

（二）资产评估质量的影响因素

我国近年来研究资产评估质量影响因素问题较多。李保婵列举了行业体制、评估事务所管理以及评估师能力等影响因素[21]。王楠补充，并将其分为内部与外部因素[22]。将这些影响因素归类，可以划分为四种主要类型，分别为资产评估师特征因素、资产评估机构特征因素、被评估企业特征因素与外部环境特征因素。

1. 资产评估师特征因素

哈弗（Harvard）认为如果评估师的专业知识掌握不牢靠，缺乏老道的经验，可能会使他们错误地理解评估信息，不能有效辨认选择评估方法[23]。丰富的经验与知识，良好的职业道德素养可以有效降低不确定性的风险，有助于资产评估质量的提高。张志红通过数据验证，发现评估师执业经验与评估质量成正比，对哈弗的结论增加了说服力[24]。此外，资产评估师的业务能力和被评估企业保持独立，也将影响评估质量。

2. 资产评估机构特征因素

资产评估机构的规模、声誉、理念、公司目标战略等因素可能会对旗下的评估师造成潜移默化的影响，若评估机构环境不好，评估师会难以坚持职业操守，评估质量自然也难以保障。王世娇等人采用多元回归方法分析数据，得出评估事务所规模与评估质量成正相关关系[25]。而资产评估机构若内部管理规范、监督制度完善有效、企业文化好，也有利于提高资产评估质量，促成良性循环。反之，若评估机构缺乏有效的自我管理与自我监督机制，为了争取客户而不顾法律准则和职业道德，将导致评估质量低下。

3. 被评估企业特征因素

被评估企业的影响程度较多体现在财务信息质量上，例如 ROE（净资产收益率）、ROA（资产收益率）、资产负债率、固定资产占比、无形资产占比、固定资产增值率等，都会对资产评估结果造成影响。满莉等人在之前的基础上继续进一步研究，补充影响因素还囊括被评估企业管理者的评估意识，以及评估过程中的调查难度和资料的完整性[26]。李菁菁认为，委托人和利益相关方对评估过程的干预程度会对资产评估质量产生影响[27]。有的被评估单位甚至会利用会计手法遮掩不良的报表信息，更严重的还会贿赂、威胁评估事务所，干扰评估的独立性与公正性。因此被评估企业的公司治理水平，包括财务信息质量和信息化程度、董事会结构等都会影响评估质量。

4. 外部环境特征因素

外部环境特征因素主要体现在政治法律环境、经济环境、社会文化环境、技术环境等，例如外部监管机制的监督和法律法规政策的建立、资产评估理论发展水平等。尉京红和李占彪认为，外部环境影响因素包括我国评估行业的执业环境与发展状况。[28][29] 我国资产评估出现较晚，在快速发展的路上出现了一些问题。目前资产评估行业还没有形成统一的管理部门，财政部、自然资源部等均对资产评估行业实施管理，导致多个行政主体出台多项不同管理制度。

虽然我国资产评估的研究成果颇丰，但仍然存在需要进一步研究的领域。例如：对资产评估质量的定义众口难调，无法以数据的形式定量对评估质量的优劣打分；影响资产评估质量因素范围太广，且大都为理论研究，缺少数据验证，难以度量；影响因素中对资产评估机构规模、声誉等因素的研究相对较多，而其他方面研究较少。除了四个主要特征因素外，其他影响因素不胜枚举，例如：资产评估的目的是什么，是一般目的还是以资产转让、企业兼并、企业出售等；采用哪一种评估方法进行评估，又或者多种方法同时进行；并购的目的是什么，交易类型是什么等诸如此类，都会影响评估人员的主观判断，从不同要素角度分析，也都有可能潜移默化地对评估质量造成影响。目前此类研究还需要学者们的深入探索。

三、公允价值与会计信息、资产评估的关系

（一）公允价值与会计信息的关系

21 世纪以来，科技发展日新月异，商业模式与业务都不断创新。传统的历史成本由于无法满足新经济时代下新业务的需求，而运用公允价值进行确认与计量的领域不断拓宽。一方面，公允价值的计量使得许多新经济业务，诸如衍生金融工具等业务能够进行估值和会计记录；另一方面，在财务会计和资产评估中引入公允价值计量，可以为会计信息相关使用者提

供更多决策所需的财务信息。如果说财务报告披露是投资者获取信息的最主要途径[30]，那么资产评估报告对资产的评价以及额外披露能够为投资者带来更多隐藏在数据下的信息。

资产评估是一项专业的咨询与鉴证活动，评估人员依据评估流程，收集市场、企业数据，统计分析结果，最后出具评估报告，具有客观公正性。因此财务人员在会计工作中会咨询评估师的专业意见。资产评估师在评估过程中，会计人员编制的财务数据、财务报表等会计信息也会成为评估依据，二者相互影响。但公允价值会计给企业财务处理较大的自由度。例如，企业管理层更加凭自己的主观意向判断决策，在假设与估计也有很大的自主空间，不断创造企业利益最大化的机会，因此损坏了会计信息的可靠性[31][32][33][34]。企业能够通过选择有利于自己的会计政策、金融资产分类、企业并购等时机、手段进行操控，达成利益最大化的目的。

（二）公允价值与资产评估的关系

2014 年财政部颁布《第 39 号准则——公允价值准则》，将公允价值输入值分为三个层次，第一层次为活跃市场上的同类资产或负债市场价值，第二层次为类似资产或负债的市场价值，当无类似资产或负债时，则第三层次公允价值为估值模型输入。除了第一层次之外，第二层次和第三层次都需要运用大量的资产评估方法，这一方面，为资产评估业务发展提供了大量空间；另一方面，当不存在活跃市场时，信息不对称会影响资产评估质量，导致公允价值的可靠性下降。当没有活跃市场时，无类似资产或负债报价时，公允价值输入值就为不可观察输入值，例如，经常采用未来现金流量法来预估。而市场牵一发而动全身，变幻莫测，难以准确预估未来现金流的金额时点、货币时间价值等因素[35]，使得公允价值计量难度大大提升。田原也提出，主观判断和推测相关参数带来的虚拟性特征导致第三层次公允价值计量结果难以验证，因而价值评估质量存疑，进而影响公允价值信息的决策有用性[36]。

四、研究现状述评

近年来，中国上市公司资产评估报告披露数量大且与日俱增，其中关联交易评估项目颇多，且多发生在非活跃市场环境下。由于交易双方利己动机的存在，关联交易的频繁使用逐渐超出只为满足企业正常发展需求的范围，存在部分企业打着关联交易的旗号谋取利益的情况。关联交易中，盈余管理动机是影响评估质量的重要因素，上市公司基于减少融资约束、微利、避免连亏导致摘牌等动机，可能影响价值评估结果。同时，资产评估活动兼备中介性与有偿性，涉及供求双方的利益，评估报告被视为市场竞争博弈中的最终结果，评估机构声誉也可能对评估质量产生影响。实务中，绝对活跃的市场比较少见，委托-代理关系和信息不对称等问题的存在，本就涉及诸多判断与选择的资产评估工作，当处于非活跃市场环境下时，将会面临更多的风险与不确定性，这可能为管理层提供可乘之机，增加上市公司盈余管理机会。从已有的文献研究来看，这部分研究还需进一步深入，尤其是基于关联方交易的视角。

资产评估师能力、评估机构自律、行业监管是资产评估质量保障基础，同时把握这三要素可以有效提高资产评估质量。对评估师而言，应具有专业核心能力，以独特优势和品质，未来继续推动行业的发展；对我国资产评估行业与监管部门而言，建立健全资产评估理论体系，制定完善的法律法规，是对质量问题的把控与监督；对资产评估机构而言，资产评估报告的质量就是机构的声誉与未来发展前景，不断培训评估人员的能力与道德素养，是提升评估质量的基础。三管齐下，才能为我国的资产评估市场提供良好的竞争环境。

本书目将在前人研究基础上，重点进行实证研究，基于关联方交易的视角，检验非活跃市场下，公允价值计量对会计、评估信息质量的影响。综合运用文献研究法，研究资产评估质量影响因素。同时运用博弈论方法，从资产评估师、被评估企业与监管者三者之间的利益博弈关系分析三方如何影响资产评估质量。

第四节　研究内容与结构安排

一、研究内容

公允价值的计量一直是会计计量中的难点，而资产评估行业作为提供估值建议的专业服务行业，资产评估结果的公正性，能够为会计公允价值计量提供有效的参考依据。为了能够更好地为会计计量工作服务，资产评估行业需要保证资产评估的质量。通过研究，为我国强化资产评估监管体系，完善资产评估准则和监管制度等提供政策建议，以期提高资产评估质量。

二、结构安排

本书以现状剖析为基础，采取规范分析和实证分析相结合的方法，运用管理学、经济学、行为学、心理学、法学、统计学、数学的理论基础和相关理念，对公允价值计量特征与资产评估质量进行了研究，研究框架如下。

第一章——绪论。介绍了研究背景及研究意义，国内外研究动态，研究内容与结构安排，研究方法与创新点。

第二章——公允价值基本理论概述。阐述了公允价值的理论基础、公允价值的定义、公允价值的特征；公允价值的内涵、公允价值与其他计量属性；公允价值的估值技术和公允价值层次；公允价值会计的历史沿革及未来发展趋势；我国引入公允价值会计的背景及路径。

第三章——资产评估质量基本理论概述。介绍了资产评估质量的概念、含义以及资产评估的评估过程；资产评估质量构成要素及特征；资产评估质量的目标和标准；资产评估质量的准确性。

第四章——资产评估质量影响因素分析。分别从资产评估信息的需求者、资产评估信息的供给者、资产评估监管者三方面进行了动因分析。

第五章——非活跃市场下资产评估质量研究。阐述了选题背景与选题意义，对关联方交易的研究现状、活跃市场与公允价值层次、非活跃市场下关联方交易与资产评估质量的研究现状进行总体分析与评价。进行理论分析与研究假设，研究设计，变量定义，模型构建，样本选取与确定数据来源，进行实证分析，得出研究结论和政策建议。

第六章——演化博弈视角下资产评估质量监管策略研究。首先进行对博弈视角下评估主体行为、评估机构间博弈行为、评估机构与委托人间的博弈分析；进而进行监管机制演化博弈分析，研究了只进行"惩罚"机制的演化博弈分析、"激励＋惩罚"机制的演化博弈分析。最后对两种机制下委托方与评估机构的收益进行分析，从而得出结论。

第五节 研究创新点

一、研究视角创新

此前只有少数的学者做过公允价值与资产评估质量相关的研究，本书创新性地以结果导向视角界定和计量资产评估质量，以公允价值计量为出发点，分析对资产评估质量的影响。学术界早已对IPO（首次公开募股）发行、企业并购重组等项目涉及的资产评估服务进行了研究并取得了一定的研究成果，然而以关联方交易为研究起点，探求非活跃市场环境中，资产评估质量、关联交易动因、评估机构综合声誉间相关关系的研究仍有所空缺。本书围绕关联方交易中资产评估质量这一研究核心，在理论与实证分析结合的基础上，研究讨论资产评估质量的影响因素，丰富关联交易中资产评估理论成果，进一步提升资产评估结果的合理性和科学性。

二、研究内容创新

由于国内资产评估行业起步较晚，学者主要集中在理论研究，实证研究极少。本书尤其选择以非活跃市场下，从关联方交易的视角，对资产评估质量，运用上市公司数据进行了研究。本书无论对于拓展资产评估的理论研究范围，还是对监管、完善资产评估市场都有所建议。近年，在适应时代要求的基础上，企业关联交易进行情况、评估机构指标特征、评估质量的现状也都在不断更新、向前发展，以往的实证研究成果并不能全面地反映现阶段的它们间的相关关系。同时，先前学者对上市公司各项交易中评估质量影响因素展开相关研究，也表明当处于非活跃市场环境下时，资产评估质量受信息不对称现象的影响，价值计量结果的公允性难以得到验证，可靠性问题值得商榷。而市场环境对关联交易动机和资产评估质量的影响会产生怎样的作用，这一问题没有得到充分解释。本书在前人研究的基础上，将市场环境作为调节变量，分析在上市公司关联交易评估项目中，市场环境因素对评估机构综合声誉、企业盈余管理动机与评估质量间相关性的调节作用，通过新的研究视角来探讨我国上市公司关联交易中，盈余管理动因、第三方评估机构综合声誉和资产评估质量之间的影响，希望通过实证研究得出一些有用的结论，并为我国行业现实需求提供合理化参考建议。

三、评估领域的研究范式创新

本书采用文献综述法、统计分析法、实证研究法、博弈论等多种方法结合作为研究方式。需要说明的是，在资产评估领域中的研究多集中于实证研究和案例研究。一方面，本书的研究方式尤其是实证研究法的运用，在非活跃市场下资产评估质量研究中比较新颖；另一方面，运用博弈论的理论，进行对博弈视角下评估主体行为、评估机构间博弈行为、评估机构与委托人间的博弈分析，进而进行监管机制演化博弈分析。

参考文献

［1］中国证监会.中国证监会行政处罚决定书（北京中同华资产评估有限公司、徐建福、朱云）［EB/OL］.（2016-07-20）［2021-04-15］. http：//www.csrc.gov.cn/pub/zjhpublic/G00306212/201607/t20160722_301087.htm.

［2］中国证监会.中国证监会行政处罚决定书（广东中广信资产评估有限公司、汤锦东、黄元助、张晓晶）［EB/OL］.（2019-05-15）［2021-04-15］.http://www.csrc.gov.cn/pub/zjhpublic/G00306212/201905/t20190522_356218.htm.

［3］郭晓红，陈育.资产评估质量研究综述—基于公允价值计量视角［J］.山东农业工程学院学报，2020（11）：77-82.

［4］ARNETT, HAROLD E. The Concept of Fairness［J］. *The Accounting Review*, Vol. 42, No. 2, 1967（4）：291-297.

［5］［美］威廉·斯科特.财务会计理论研究［M］.陈汉文，等译.北京：机械工业出版社，2006：123-142.

［6］FASB. Stat*ement of Financial Accounting Standards 157, Fair Value Measurements*［A］. Financial Accounting Standards Board：Norwalk, Connecticut, 2006：18-28.

［7］黄世忠．公允价值——面向 21 世纪的计量模式［J］．会计研究，1997
　　（12）1-4.

［8］谢诗芬．价值计量的现值和公允价值［J］．上海立信会计学院学报，
　　2008（2）：7-12.

［9］葛家澍，徐跃．会计计量属性的探讨［J］．会计研究，2006（9）：7-8.

［10］肖祯．中国会计准则与国际财报准则实现实质性趋同［N］．中国会计
　　报，2015-11-27（1）.

［11］支晓强，童盼．公允价值计量的逻辑基础和价值基础［J］．会计研究．
　　2010（1）：21-27.

［12］葛家澍．金融危机与公允价值计量［A］// 厦门大学管理学院会计系．
　　首届海峡两岸会计学术研讨会论文集．2009（11）：3.

［13］谢诗芬．公允价值：国际会计前沿问题研究［M］．长沙：湖南人民出
　　版社，2004：1-125.

［14］龚光明．公允价值计量属性及其选择问题［J］．会计之友，2010（5）：
　　4-7.

［15］尉京红．我国资产评估质量问题研究［D］．天津：天津大学，2007：
　　1-183.

［16］宋夏云．资产评估质量的影响因素研究——基于上市公司关联方交易
　　视角［J］．南昌大学学报（人文社会科学版），2017（3）：75-84.

［17］WALDY. Valuation Accuracy［C］. 64th FIG Permanent Committee
　　Meeting & International Symposium, Singapore, 1997（2）：1-7.

［18］FRENCH N. *A Question of Value: a Discussion of Property Pricing and*

Definitions of Value [M]. Springer US, 2003.

[19] KLAMER P, BAKKER C, GRVIS V. Research bias in judgement bias studies-a systematic Review of valuation Judgement literature [J]. *Journal of Property Research*, 2017（4）285–304.

[20] 张夺.企业资产评估质量控制研究——以网通集团上市评估为例 [D]. 长春：吉林大学，2011.

[21] 李保婵.资产评估行业执业质量研究——以广西为例 [J].财会通讯, 2013（2）：116-118.

[22] 王楠.我国资产评估质量及评价研究 [J].时代金融，2017（3）: 287-293.

[23] HARVARD T. *Why Do Valuers Get It Wrong? A Survey of Senior Commercial Valuation Practices* [R]. RICS Research Conference The Cutting Edge, 1999：18-28.

[24] 张志红，田昆儒，李香梅.评估师经验、收益信息透明度对估值判断影响的实验研究 [J].会计研究，2015（4）：27-32.

[25] 王世娇，尉京红，徐海龙.浅谈资产评估机构规模对资产评估质量的影响 [J].现代商业，2018（26）：52-53.

[26] 满莉，钱冲元.陆良县森林资源资产评估质量控制和风险防范浅谈 [J].绿色科技，2014（12）：24-26.

[27] 李菁菁.如何把控企业资产评估质量 [J].山西财税，2017（10）: 49-50.

[28] 尉京红.我国资产评估质量问题研究 [D].天津:天津大学,2007（8）:

76-80.

[29] 李占彪. 我国资产评估行业质量问题的动因探析——基于问卷调查和因子分析 [D]. 石河子：石河子大学学报，2013（6）：7.

[30] 徐寿福，徐龙炳. 信息披露质量与资本市场估值偏误 [J]. 会计研究，2015（1）：40-47.

[31] BENSTON, GEORGE J. The shortcomings of fair-value accounting described in SFAS 157 [J]. *Journal of Accounting & Public Policy*, 2008（2）：101-114.

[32] PAANANEN M. The IFRS Adoption's Effect on Accounting Quality in Sweden [J]. *SSRN Electronic Journal*, 2008：12-18.

[33] 王建新，董美霞，陈玉军. 公允价值运用专题研讨会综述 [J]. 财务与会计，2007（11）：72-74.

[34] 黄霖华，曲晓辉，万鹏，等. 公允价值计量、投资者情绪与会计信息决策有用性 [J]. 当代财经，2017（10）：111-121.

[35] 盛明泉. 金融稳定视角下我国公允价值会计应用研究 [M]. 北京：经济科学出版社，2011：20-80.

[36] 田原. 第三层次公允价值运用与会计信息决策有用性 [J]. 现代营销，2019（8）：218-219.

第二章　公允价值基本理论概述

在新时代背景之下，我国的市场经济实现了快速的发展，会计计量成为研究关注焦点，会计计量涉及内容和形式比较种类多而杂，为了确保会计信息应用价值能被充分反映，在实践中，交易参与者需要认清公允价值的理想适用环境和现实环境条件间的差异。公允价值计量引入的出发点为提升会计信息质量，但若被不当使用则会适得其反，新时代背景下成本计量属性的具体要求和公允价值在会计计量中的具体表现是该计量模式使用者必须厘清的课题，从而根据具体情况，采取相应措施，进而实现保证会计信息的可靠性的目的。

第一节　公允价值的定义、特征及理论基础

一、公允价值的定义

在我国 2006 年 2 月颁布的《企业会计准则——基本准则》中，对公允价值定义如下："在公允价值计量下，资产和负债按照公平交易中，熟悉情况的交易双方自愿进行资产交换或负债清偿的金额计量。"国际会计准则理事会关于公允价值的定义则为："公允价值，指在公平交易中熟悉情况的当事人自愿据以进行资产交换或负债清偿的金额。"综合来说，公允价值指的是熟悉市场情况的买卖双方在公平交易的条件下和自愿的情况下所确定的

价格，或无关联的双方在公平交易的条件下一项资产可以被买卖或者一项负债可以被清偿的成交价格，是一种立足现在、面向未来的计量属性[1]。2008年金融危机爆发后，有关公允价值的运用又变得慎重，我国直到2014年才开始广泛推行。《企业会计准则第39号——公允价值计量》中明确指出："公允价值是指市场参与者在计量日发生的有序交易中，出售一项资产所能收到或转移一项负债所需支付的价格。"

二、公允价值的特征

（一）完全市场与公平交易

市场参与者都是独立的、理性的且具备完善的专业知识背景，交易价格完全由供求关系决定，资源利用率高且最大程度上降低信息不对称性。市场参与者基于平等、自愿的原则实现交易，不存在威逼利诱下的涨价和压价情况。

（二）立足现在，连接过去与未来

公允价值符合资产的基本定义，可以重新解释和划分面对过去和未来的不同历史成本信息，迅速反映企业的财务状况，为决策者提供与公司的未来价值相关的动态的、全面的信息，从而有效地促进企业未来经济发展平衡、科学，确保企业在激烈的市场竞争中获得更多优势，实现自身的稳定运行与发展。公允价值信息还具有一定的反馈价值，可以使信息使用者获得更准确的预测结果，积极纠正前期错误，有效避免历史成本所带来的负面影响，并确保会计决策信息系统的完整性。

（三）假设交易与价格估计

公允价值可以是基于实际交易的交易价格，更可以是基于假设交易的价格估计。在资产或负债的初始计量中，可以以实际交易价格作为公允价值计价依据。但是，在后续计量中，可能并不会发生实际交易。在这种情况下，公允价值通常是假定的交易价格或估计的交易价格，当市场环境不够活跃，缺乏活跃市场报价和可比案例等可观测数据时，还需要使用到估值技术。

（四）提高相关性与可靠性

以公允价值列示的各种信息可以更好地反映会计信息之间的相关性。在历史成本计量模式下存在着因外部不确定性所带来的负面影响，公允价值计量模式的出现可以填补这一短板，为信息使用者提供更可靠的依据，使相关信息使用者可以结合过去的实践经验，进行简要的预测和判断，提升决策的科学性和有效性[2]。

三、公允价值的理论基础

（一）委托代理理论

伴随着经济的发展，企业规模做大，股权集中度下降，股东无法直接决策公司经营，公司管理者切实掌握控制权，所有权和实际控制权逐渐分离，在这之中因信息不对称、股东与管理者目标不相同等因素存在而引发的一系列矛盾被称作"委托－代理问题"。此时，在资本市场中，委托人在信息资源差距下，无法获得充分的有效信息辅助决策判断，而具备"信息优势"的一方可能出于利己动机，通过丰富的信息自由侵害"信息劣势方"的利益，从而扰乱市场交易秩序，降低市场效率，导致资本市场出现劣币驱逐良币的现象－优质资源的低估与缺失导致它们黯然离场，普通甚至低水准的企业反而可能在市场中如鱼得水[3]。公允价值计量方式的发展与应用，能够对资本市场信息差及其所导致的逆向选择问题产生正向影响[4]。在该计量模式下，能够真实、公允地反映市场价格，从多方面提高会计信息的相关性与实用性。表内披露的方式亦缓解信息不对称问题带来的弊端，压缩逆向选择问题的存在空间，有助于达成宏观上优化资源配置效率的目的[5]。

（二）资本保全理论

资本保全分为财务资本、实物资本的保全，财务资本保全又包括资本数量与资本质量两个方面。在我国资本市场投资主体中，参与投资的需求与目的主要集中于在保证本金资产安全（数量）的同时追求适当的收益（质量），这样的投资者可能往往并不具备专业的金融背景、丰富的投资经验和全面的风险判断能力。于公司而言，期末净资产不比期初净资产少便属于资本保全[6]。资本市场是一个瞬息万变的市场，同时资金具有时间价值，历史成本对于计量未实现损益存在一定局限性，基于特定时间点下交易假设评估出资本资产的公允价值，为资产变现创造了条件，能够更真实、客观、可靠地衡量与反映资产的价值，资本质量保全通过快速变现资产价值占比具体表现出来。以我国房地产市场为例，在地产业发展势态十分迅速的当下，历史成本计量早已无法满足房产估值的现实需要：账面价值无法联动市场供需状态，与市场价值互相之间可能存在很大差异和距离，不利于房产持有者实现实物资产保全。引入公允价值计量模式后，通过活跃市场中相同或类似的房产的未经调整的报价、直接或间接可观察的报价作为输入值，聘请第三方中介机构——专业资产评估机构，选择合适的估价参数、资产评估估值技术，提出相关假设，建立估值模型，进行参数调整，得出公允、合理的评估价值，辅助判断实物房产保全情况，更好地维护资本市场交易参与者的利益[7]。

（三）产权理论

产权，指的是财产所有权，是一组权利束。产权与会计关系密不可分，任何时期的会计都建立在一定产权关系之上，且任何一种类型的会计都要维护特定的产权制度[8]。随市场经济的变化，经济理论的发展与会计实践的深入，产权会计应运而生，即从产权经济学的角度研究会计理论，指导会计实践[9]。根据产权会计观点，产权拥有者们基于不同利益目标，在重复博弈游戏中确定产权价值，这与公允价值计量模式存在异曲同工之妙[10]。在波谲云诡的资本市场中，企业的产权制度复杂多变，历史成本并不能完全反应产权价值，无法满足会计信息质量要求；产权作为一种立足现在、面向未来的权利关系，采用公允价值计量能够更好地反映产权运动，计量产权价值，维护与保障多元产权主体的经济权益[11]。

（四）投资者保护理论

会计信息使用者主要包括投资者、债权人、公司管理者、税务部门、审计机关、社会公众和潜在投资者、债权人等利益相关者。目前，关于公允价值与投资者保护间的相关性研究，学术界存在两派主流观点。一方面认为，若处于完全竞争市场中，市场参与者皆为理性人，信息资源充分且平等，则可能不存在投资者保护问题，公允价值计量模式在一定程度上改善信息不对称带来的负面影响，其发展与应用对投资者保护起到正面效果。其一，资本市场中，公允价值计量模式下，公司财务报告所披露的信息能够使股价客观、公允地反映企业价值，即公允价值计量模式的发展与应用完善定价功能，能够进一步保护投资者利益；其二，会计信息质量提高，信息透明化能够减缓信息不对称和委托代理问题所带来的负面影响，有效实现监督职能，优化公司治理效能；其三，公允价值的公允和可靠，提高资源配置效率，更好地维护各市场参与者的权益，促进社会公平，于投资者保护而言存在正面影响[12]。另一方面则持有不同观点，认为公允价值模式的运用不仅不会对投资者保护起到正面效果，其复杂性和隐蔽性还可能为公司管理层提供盈余管理的空间，成为利益输送的实现手段，因而将会对投资者利益产生负面影响[13]。

（五）收益计量理论

企业收益计量的两大主流会计理论包括：收入费用观、资产负债表观。随经济发展，资本市场日渐复杂化，我国会计理论与实务界经历了从收入费用观到资产负债表观的全面过渡，逐步积淀形成了公允价值理论体系的基础：站在资产与负债的角度来看，公允价值能够基于时效性方面弥补历史成本的缺陷，有利于保障会计信息的相关性，因此，引入公允价值计量模式适时且合理[14]。

第二节 公允价值的内涵与其他计量属性

一、公允价值内涵

会计计量主要有历史成本计量和公允价值计量，目前会计准则采用的是两者混合的会计计量。历史成本法是面向过去，以当时交易发生价格计量的，稳定且可靠，但有时在相关性与有用性方面有所欠缺，无法为市场参与者提供及时的有效信息。近年来，世界经济高速发展，金融改革创新大力推行，美国财务会计准则委员会和国际会计准则委员会强烈主张在财务会计中采用新的计量属性，即公允价值。公允价值，指的是熟悉市场情况的买卖双方在公平交易的条件下和自愿的情况下所确定的价格，或无关联的双方在公平交易的条件下一项资产可以被买卖或者一项负债可以被清偿的成交价格，是面向未来的计量属性。为提高会计报表信息的有用性，准则制定者更偏向于采用这种计量法[15]。然而，公允价值计量下决策信息有用性的提升有赖于市场机制的有效运行，市场机制并不会如同会计准则制定者所设想的那般理想化完美、有效地运作，公允价值在某些情况下需要管理者做出判断和估计，这种判断可能带有主观色彩，这让管理层存在操纵会计报表的空间，其可靠性和可验证性受到质疑[16]。如何更好地应用公允价值计量，更好地规范公允价值的信息披露，是值得探讨的问题。

二、公允价值与其他计量属性

历史成本法是面向过去，以当时交易发生价格计量的，虽然稳定、可靠，但在相关性与有用性方面有所欠缺；重置成本则是站在企业主体视角，强调现实时点上企业重新取得与其所拥有的某项资产相同或与其功能相当的资产需要投入的现金或现金等价物；可变现净值不考虑时间价值，并扣除了变现过程中的直接成本；现值则是将预计未来现金净流量通过恰当的折现率进行折现得来的价值；而公允价值则是面向未来的计量属性，它指的是参与者在计量日发生的有序交易中，出售资产所能收到或者转移负债所需支付的价格计量[17]。

公允价值与其他基本的计量属性并不是一种互相排斥的关系，它是一种全新的复合型会计计量属性，在某些情况下，其他计量属性都可能是公允价值的表现形式。可以看出，公允价值是市场价值的一种特殊形式，它代表了市场在一定时期内认可的市场价值，在一定条件下，选择任何一种计量属性进行计量的结果都有可能是公允的，也就是说，公允价值可以有多种表现形式，例如重置成本、可变现净值和现值[18]。

公允价值计量模式下，决策信息有用性的优化与市场机制的有效运行密切相关，但理想化环境目前还难以实现。公允价值在应用时涉及的主观判断与估计，可能为市场参与者提供盈余管理的空间，成为利益输送的实现手段，其可靠性与可验证性受到质疑[19]。如何进一步规范信息披露，更好地使公允价值计量模式发挥出应有价值，是准则最为关注的重点和难点。

第三节　公允价值层次和公允价值的估值技术

市场环境研判，数据信息收集、输入值获取、相关假设设置、估值技术选用与模型建立是公允价值计量模式运用的基础工作。资本市场处于活跃状态下时，所提供的有效信息数据可获取性大大提高，更能够公允、合理地判断和反应资本市场价值，是公允价值运用的理想环境；而当市场环境并非理想状态下的活跃时，数据获取不易，且难以得到合理的验证与比对成为公允价值计量的短板，其可靠性也可能被削弱[20]。公允价值层级理论的引入为提高公允价值估值可靠性提供头绪与脉络，为公允价值计量模式在信息不对称的非活跃市场环境中，进一步公允、客观地反映市场价值，促进市场公平，保护市场参与者利益提高了思考路径[21]。

一、公允价值层次

《企业会计准则第39号——公允价值计量》中明确，公允价值在计量时应分为三个层次：企业应当将公允价值计量所使用的输入值划分为三个层次，并首先使用第一层次输入值，其次使用第二层次输入值，最后使用第三层次输入值。第一层次输入值是在计量日能够取得的相同资产或负债在活跃市场上未经调整的报价。活跃市场，是指相关资产或负债的交易量和交易频率足以持续提供定价信息的市场。第二层次输入值是除第一层次输入值外相关资产或负债直接或间接可观察的输入值。第三层次输入值是相关资产或负债的不可观察输入值。公允价值计量结果所属的层次，由对公允价值计量整体而言具有重要意义的输入值所属的最低层次决定，这取决于估值技术的输入值，而不是估值技术本身[22]。

在我国现有的关于价值估计结果相关性与公允价值层次变动间相关性的研究中，许多学者对此提出自己的观点，形成丰富的理论、实践研究成果。有学者认为，随着市场活跃度的下降及公允价值层次的降低，采用公允价值计量模式对资产价值进行评估和计量时，其相关性降低，而对负债价值的影响差异不显著[23]。也有研究显示，采用公允价值计量模式对资产价值进行评估和计量时，第一层次公允价值估计结果的相关性最为显著，二、三层次间的差异并不显著，当公司拥有高治理水平时，二、三层次公允价值估计质量更高，相关性也显著提升[24]。

国内学术界对公允价值层级的引入有不同的看法，一方面，有学者认为，基于活跃的市场环境，第一层次公允价值所反映的价值客观公允性最高，而二、三层级则具有估计特征，其中第三层次应用中所涉及的主观判断更为浩繁，存在难以避免的主观随意性，因此必须进一步探索第三层次公允价值估计的可靠性[25]；另一方面，也有学者提出，从市场参与者的角度出发，第三层次公允价值具备公允价值特征，是属于公允价值的内涵和外延内的[26]。总括而言，公允价值计量体系的发展必须深入探讨不同市场环境下计量的应用，理论与实践双管齐下研究讨论市场环境改变后公允价值会计计量转换和对接问题[27]。

会计信息使用者通过企业财务报告获取信息，会计计量属性与会计信息质量间密切不可分。公司财务报告中每个项目计量属性的差异将导致所传递信息的差异，因此，由于引入公允价值计量属性而导致的会计结果差异将进一步导致不同的经济后果，主要体现在两个方面。

一是，对财务报告的影响。公允价值计量模式的应用打破原有金融资产及负债的分类，在更好地反映市场参与者持有金融工具目的的同时，也改变了财务报告结构，丰富了资产负债表的内涵——公允价值信息及层级应用的披露，让信息使用者可以进一步实现通过财报信息研判公司的经验状况和潜在风险，提高财报决策有用性。

二是，对会计信息质量的影响。报表所披露的信息用于决策辅助，决策有用目标要求企业披露内容必须具备相关性和可靠性。虽然公允价值计量模式的应用无法规避主观判断，需要使用到受主观因素影响的估值技术，但第一、二层级的输入值都是可观测输入值，相关的调整或计量模型较少受到人为因素的干扰，这在一定程度上可以缓解主观因素所带来的负面影响，形成更加客观、公允的价值反映，为评估定价提供合理依据，辅助信息使用者做出判断与决策。

二、估值技术

资产评估是一种判断资产价值的技术思路，估值技术是资产评估价值计量的实现手段。根据《企业会计准则第39号——公允价值计量》，运用公允价值计量相关资产或负债，使用的估值技术主要包括市场法、收益法和成本法。分别以市场层面、收入层面、成本层面作为切入点，形成资产价值评估的三大方法体系。除非存在变更估值技术或其应用能使计量结果在当前情况下同样或者更能代表公允价值的情况，否则公允价值计量使用的估值技术一经确定，不得随意变更。[22]为了估计在计量日当前市场条件下，市场参与者在有序交易中出售一项资产或者转移一项负债的价格，企业应当采用在当前情况下适用并且有足够可利用数据和其他信息支持的其中一种或多种估值技术计量公允价值，并考虑各估值结果的合理性，选取在当前情况下最能代表公允价值的金额作为公允价值。[28]理想的价值评估结果不会因方法而异，但会受到相关评估参数的影响。[29]

市场法，是利用相同或类似的资产、负债或资产和负债组合的价格以及其他相关市场交易信息进行估值的技术。当市场发育完善、信息可充分获取时，市场法应是首选。

收益法，是将未来金额转换成单一现值的估值技术。在评估单项资产时，收入法的使用受到限制。

成本法，是反映当前要求重置相关资产服务能力所需金额（通常指现行重置成本）的估值技术。但基于市场的经济性贬值可能难以确定。

当处于活跃市场环境下时，可利用市场上未经调整的报价采用市场法进行价值估计；当市场环境适用于第二层次公允价值时，市场有效性下降，有效可比信息减少，使用市场法时需要做因素比较和调整差异；当市场活跃度低到可比观测值不充分时候，市场法的使用受到了限制，此时，收益法与资产基础法是价值估计主要采用的估值技术。[30]

第四节　公允价值会计的历史沿革及未来发展趋势

一、公允价值会计在国外发展的历史沿革

美国研究"公允价值"起步于 19 世纪 70 年代，但初期涉及公允价值的准则口径不一致，造成使用混乱，反而降低资本市场效率。为保障资本市场健康发展，SFAS157《公允价值计量准则》应运而生，它以活跃市场环境为基础，同时建立了新的公允价值层次，并制定了更详细、更严格的披露规则[31]。

二、我国引入公允价值会计的背景及路径

自 20 世纪 90 年代起，我国开启对公允价值计量模式的理论、实践探索，国内公允价值会计的历史沿革大致可分为三个阶段。

第一阶段——起步。我国开始改革开放，经济开始蓬勃发展，公允价值计量模式在我国萌芽成长。1988 年 3 月，大连会计师事务所在大连炼铁厂与香港企荣贸易有限公司的合资过程中，评估标的资产大连炼铁厂的价值并作为出资依据，我国首例资产评估业务诞生，公允价值在国内的应用迈出了重要的一步[32]。2000 年前后，我国财政部接连发布三项主要涉及非

现金资产计量的会计准则，公允价值计量被定义为"在公平交易中，由熟悉情况的双方自愿进行的资产交换或债务清算的金额"，在准则中扮演着至关重要的角色，对提高会计信息有用性，推进资本市场公平、规范发展具有重大意义：1998 年 6 月发布的企业会计准则《债务重组》，规范债务重组行为；同期发布《投资会计》准则，规范企业投资的会计核算和相关信息的披露；次年 6 月发布准则《非货币交易》，强化非货币性交易管理。虽然公允价值计量模式存在的出发点是为了更加客观、公允地反映资产价值，但同时这种模式的应用对资本市场发展到完善的程度有着更高的要求，当时我国资本市场交易环境离理想应用环境还有较大差距；同时，公允价值对国内来说是一个较新的概念，更完善的定义、与之相适的配套应用方法和实现手段尚待深入探索，我国会计学术界与理论界更多的是对它保持审慎观望态度。

第二阶段——限制。21 世纪初期，资本市场交易环境与公允价值理想应用环境间的差距加之相关研究及配套政策不够成熟、跟踪监管制度亟待优化，这项本是为了公允而生的价值计量模式产生了一些问题，导致成为企业实现盈余管理的途径。国际方面，全球最大的消防安防专营公司泰科公司通过企业收购兼并来操纵利润、粉饰报表，2000 年前后，泰科兼并数百家公司，被兼并公司合并前的盈利状况往往出现异常的大幅下降，而在合并后盈利状况迅速好转，通过资产计价"浑水摸鱼"，为高层管理输送利益[33]。国内方面，涉及资产计价的财务案件如深圳原野实业案中资产评估、改组等环节虚假舞弊，给市场带来巨大不良影响。因此，2001 年我国会计准则再度修订，公允价值计量模式的应用受限[34]。

第三阶段——发展。基于我国会计准则与国际财务报告准则接轨的大背景下，2006年，我国重新引入公允价值计量。2006年起，美国次级债券出现问题，2008年美国次贷危机席卷全球，演变成世界金融危机，公允计量产生一系列问题。一方面，因市场环境变动而带来的主观判断空间，例如，美国国际集团信用违约掉期，估值出现问题；另一方面，金融机构形成因自身信用等级变动导致其负债的公允价值变动而确认的利得和损失，例如花旗集团因其信用情况恶化、负债公允价值下降而形成25亿美元利得，而摩根士丹利却因经营改善导致信用等级提高而不得不在2009年第一季度确认了15亿美元的负债公允价值变动损失[35]。这让公允价值再次备受争议，也引起国内学术界广泛关注，为推进会计准则完善，健全公允价值计量体系，公允价值的推广和应用变得慎之又慎。美国通过《2008年经济稳定紧急法案》，采取一系列修订和完善会计准则的行动，随世界经济复苏，公允价值争议逐渐变小。正如马克思所言，会计的基本职能是过程的控制和观念的总结，其发展与资本市场环境互相辅助，互相促成。经济全球化进程加速，互联网大数据发展，为公允价值发展提供技术支撑。2014年，我国出台《企业会计准则第39号——公允价值计量》，对公允价值定义、三个层次做了明确规定；随后大量准则运用公允价值。尤其是2017年，《企业会计准则第22号——金融工具确认和计量》《企业会计准则第23号——金融资产转移》和《企业会计准则第24号——套期会计》《企业会计准则第37号——金融工具列报》印发修订，金融工具的应用大量使用公允价值计量，助力资本市场有序、健康发展。

参考文献

［1］中华人民共和国财政部.企业会计准则——基本准则［J］.新法规月刊，2006（2）：118-124.

［2］葛家澍，徐跃.会计计量属性的探讨——市场价格、历史成本、现行成本与公允价值［J］.会计研究，2006（9）：7-14.

［3］黄霖华，曲晓辉，万鹏，等.公允价值计量、投资者情绪与会计信息决策有用性［J］.当代财经，2017（10）：111-121.

［4］任世驰，陶晶.历史成本、公允价值与资源配置悖论［J］.财经科学，2013（11）：102-108.

［5］胡榕霞.公允价值计量研究综述［J］.石家庄铁道大学学报（社会科学版），2019（1）：59-65.

［6］黄世忠，黄晓韡.公允价值计量对受托责任观的影响分析——公允价值计量系列研究之三［J］.新会计，2018（12）：6-8.

［7］会计与投资者保护项目组.投资者保护功能及评价［J］.会计研究，2014（4）：34-41.

［8］朱晓.论产权制度与会计信息质量［J］.商场现代化，2007（30）：335-337.

［9］WATTS R L, Zimmerman J L. Agency Problems, Auditing, and the Theory of the Firm: Some Evidence ［J］. *Journal of Law and Economics*, 1983: 26.

［10］曹越，伍中信.产权保护、公允价值与会计改革［J］.会计研究，2009（2）：28-33.

［11］杨琨.产权重组中的公允价值计量——基于产权重组会计的价值计量研究［J］.会计之友，2011（3）：19-23.

［12］姚文韵，崔学刚.会计治理功能研究：分析与展望［J］.会计研究，2011（2）：31-38.

［13］王跃堂，周雪，张莉.长期资产减值：公允价值的体现还是盈余管理行为［J］.会计研究，2005（8）：30-36.

［14］祝福冬，郑莹.资产负债观视角下我国会计准则对公允价值的运用及思考［J］.财会研究，2011（6）：32-34.

［15］曲晓辉，黄霖华.投资者情绪、资产证券化与公允价值信息含量——来自A股市场PE公司IPO核准公告的经验证据［J］.会计研究，2013（9）：14-21.

［16］雷宇.公允价值的概念性难题及其解释——兼论财务报告目标的重构［J］.中南财经政法大学学报，2016（1）：72-81.

［17］耿建新，郭雨晴.我国公允价值计量准则解析与国际比较［J］.财会月刊，2020（13）：44-52.

［18］郭丽.公允价值特征及与各计量属性关系分析［J］.经济研究导刊，2010（9）：60-61.

[19] 雷宇.公允价值的概念性难题及其解释——兼论财务报告目标的重构
[J].中南财经政法大学学报，2016（1）：72-81.

[20] 许新霞.公允价值第三级次计量：悖论、成因与改进[J].会计研究，
2011（10）：30-33.

[21] 黄雅玲.层级视角下我国公允价值计量研究[D].福州市：福建师范
大学，2018.

[22] 中华人民共和国财政部.企业会计准则第39号——公允价值计
量[EB/OL].（2015-12-08）[2021-04-15].http://kjs.mof.gov.cn/
zhuantilanmu/kuaijizhuanzeshishi/201512/t20151208_1602631.htm.

[23] 邓永勤，康丽丽.中国金融业公允价值层次信息价值相关性的经验证
据[J].会计研究，2015（4）：3-10.

[24] 毕凤玉，张先美.公允价值层次信息的价值相关性分析[J].财会月
刊，2018（1）：21-27.

[25] 葛家澍，窦家春，陈朝琳.财务会计计量模式的必然选择：双重计量
[J].会计研究，2010（2）：7-12.

[26] 谢诗芬，戴子礼，廖雅琴.FASB和IASB有关《公允价值计量》会计
准则研究的最新动态述评[J].当代财经，2010（5）：107-116.

[27] 胡庭清，谢诗芬.非活跃市场环境下公允价值计量相关问题研究[J].
当代财经，2011（7）：110-121.

[28] 张国华，曲晓辉.市场环境、公允价值输入值层次及估值技术[J].
会计之友，2018（4）：7-10.

［29］姜楠.公允价值计量与资产评估——基于公允价值会计的顺周期效应的思考［J］.中国资产评估，2010（8）：20-23.

［30］姜楠，徐再军.关于公允价值计量中输入值表述的探讨［J］.会计之友，2015（3）：69-72.

［31］FASB. *Statement of Financial Accounting Standards 157, Fair Value Measurements* ［A］. Financial Accounting Standards Board : Norwalk, Connecticut，2006：18-28.

［32］中国资产评估协会.资产评估行业30年30事［J］.中国资产评估，2019（1）：2+57.

［33］黄世忠，连竑彬.泰科公司治理生态与财务舞弊案例剖析（上）［J］.财务与会计，2005（7）：12-15.

［34］于永生.公允价值研究的"两张皮"现象分析［J］.审计与经济研究，2006（6）：58-60.

［35］黄世忠.金融危机触发的公允价值论战［J］.中国金融，2009（15）：35-37.

第三章　资产评估质量基本理论概述

我国对资产评估的定义，主流观点认为资产评估是一种专业服务行为。我国《资产评估法》、资产评估师资格考试教材《资产评估基础》（2018年）对此定义一致，即："评估机构及其评估专业人员根据委托对不动产、动产、无形资产、企业价值、资产损失或者其他经济权益进行评定、估算，并出具评估报告的专业服务行为[1]。"资产评估在经济发展上发挥着举足轻重的作用，有助于促进资源的优化配置。尤其在当代企业愈演愈烈的并购热潮中，在企业资产的交易过程中，资产评估起着风险防范的作用。

第一节　资产评估质量的概念

一、资产评估质量的含义

目前我国评估理论和实务界对资产评估质量这个概念还需要建立统一的认识。深入挖掘评估质量的内涵有助于找到提升评估质量的途径。资产评估质量是资产评估赖以生存的土壤，它是有效市场交易的命脉[2]。构建资产评估质量理论基础对实践研究具有重要意义。

虽然对评估质量概念还没有准确的统一定义，但学者们对其都有着各自的理解与想法。

王祺扬认为评估质量是指评估管理、操作层面达到合理真实的程度[3]。

刘桂良认为质量可分为过程质量和结果质量[4]。我国目前的评估理论与研究较多涉及资产评估质量，但对于资产评估质量的内涵与判断标准还是存在不同理解。一些学者认为资产评估质量是指资产评估过程的质量，他们认为资产评估过程质量分为广义与狭义，其中广义指评估过程的控制，而狭义是指评估活动中事前、事中、事后三方面的控制[5]。还有的学者提出以结果是否合理来衡量。尉京红以评估结果、过程和环境为核心，搭造三要素质量标准框架[6]。林琳等学者就资产评估质量与准确性做出区分，认为准确性是估值与实际成交价格的契合度，是衡量评估质量的重心[7]。陈明高和高岩认为资产评估价值与交易价格之间若存在的差异在合理范围内，那么评估成果是可接受的[8][9]。同时，许小平和秦璟都认同评估过程的好坏会影响评估质量[10][11]。毛圆圆、叶将锋、王世娇等人补充论证评估机构声誉、规模、收费水平等对资产评估质量也可能产生一定的影响[12][13][14]。

在国外，学者们侧重于对资产评估质量衡量标准与可接受程度的研究。瓦尔迪将资产评估质量定义为评估值与市场价值的契合程度，契合度越高，评估质量也越高[15]。而帕克（Parker）和哈其森（Hutchision）认为资产评估的质量差异是指不同评估师对同一资产出具的评估值差异[16][17]。马蒂萨克等学者（Mataysiak, et al）采用定量分析方法，也认同资产评估质量衡量标准是市场交易价格与资产评估值的差异程度[18]，但是布朗（Brown）却有不同观点，他认为马蒂萨克研究中选取的样本数量与类型存在各种差异，无法进行较为准确的比较，他提出了另一种资产评估质量的衡量标准，即多个评估师评估的差异可接受范围[19]。而弗伦奇（French）提出，资产评估值并没有一个正确的答案，而是一个估值，因此评估师难以校验评估值是否准确[20]。克罗斯（Crosby）和弗伦奇都认为评估前提假设条件中存在现实中可能不存在的理想环境，例如公开市场假设，因此，评估值是评估师模拟市场环境做出的价值估计，无法进行测量[21][22]。

二、资产评估过程

资产评估过程主要是指资产评估主体对资产评估客体进行价值评估判断履行的基本工作步骤，也就是资产评估人员完成资产评估业务所履行的工作流程。目前根据《资产评估法》，我国已规定了八项基本程序作为执业标准。

根据具体资产评估业务的不同，如评估对象、评估目的不同，收集资产评估资料的完整度以及所选用的评估方法存在差异，资产评估专业人员对每项基本程序需要执行的基本工作步骤是有灵活调整的。资产评估人员需要针对具体问题具体分析，根据实际情况决定基本程序的实施情况。

第二节　资产评估质量构成体系及特征

一、资产评估质量构成体系

本节将资产评估质量构成体系分为三层，分别是结果质量、过程质量、环境质量。

（一）资产评估结果质量

资产评估结果质量是指资产评估结果满足评估信息使用者要求的程度。评估结果质量是评估质量体系的重中之重。资产评估结果是评估人员对被评估资产做出价值判断的结果，主要以资产评估报告体现。信息使用者主要是委托方和与资产交易相关的其他利益相关者，双方委托评估机构对拟交易的资产进行评估，只有当衡量的价值结果同时满足双方信息使用者的要求时，交易才有可能进行，这也是评估的最终目的，因此评估结果就是资产评估工作最核心的内容。保证资产评估结果的质量是资产评估机构、评估人员和委托方、其他信息使用者共同关注的焦点。

（二）资产评估过程质量

资产评估过程质量是指资产评估活动过程满足信息使用者要求的程度。评估过程质量构成评估质量体系中不可或缺的一部分，它是形成评估结果质量的前置条件。评估过程质量主要是从评估信息生产者角度分析，包括资产评估机构和评估人员。为了保证评估过程的质量，资产评估相关管理部门对必要的资产评估过程都做出了统一的规定，并以评估准则或规范的形式作为行业标准发布。因此，在评判评估过程质量时往往以其是否符合相关准则和规范，作为评判标准。为了保障资产评估结论合理，从接受委托到出具资产评估报告，在评估过程中严格按照相关的准则与规范来履行评估程序，从而保证评估行为的合理性与合法性，降低评估风险。

（三）资产评估环境质量

资产评估环境质量主要是指评估机构的人文环境、价值理念内部控制等。它反映了资产评估事务所责任人、管理层、专业评估人员的评估行为与态度，工作风气影响工作态度，最终体现在资产评估质量上。评估环境质量也是评估质量体系中的重要环节，它是评估过程质量和评估结果质量赖以生存的土壤。

二、资产评估质量的特征

资产评估是一种特殊无形的中介服务"产品"，它有着以下基本特征。

1.独立性

即评估人员始终以第三者的立场参与评估工作，以独立的态度与业务当事人利益保持距离。

2.客观性

即评估人员不受其他外界因素干扰，遵守事实从实际出发，以客观公平的态度完成评估中的工作。

3. 公正性

是指评估人员对待评估行为的公正性，它服务于资产业务的需要，而不是资产业务当事人。公正性表现为两点：一是资产评估是有法可依的，准则规范了评估行为与业务，使其具有公正性；二是评估人员不应该承担与本人有利害关系的评估项目，这是公正性的组织基础。

4. 科学性

即评估人员因地制宜，灵活根据不同的目标制定针对性的方案和选择恰当的价值类型，这样做的目的避免了评估结果的生搬硬套，力求其科学合理。

5. 专业性

即资产评估具有一定的准入门槛，评估人员需要经过学习训练以及考核才能从事工作，以此不断积累知识储备与工作经验。通过一系列的措施来约束评估师的职业规范和道德纪律，从另一方面提高资产评估质量[23]。

同时，资产评估质量也具有一些特殊的特征。

1. 模糊性

一般的商品，国际组织（如 ISO）、政府监管部门（如技术监督局）等都制定了一份统一的标准，利用专业技术仪器设备判断产品的物理性能、化学成分等各项指标。进而确定商品质量的优劣，但对于资产评估活动来说，很难评估资产评估质量的优劣。因为我国目前尚未对评估质量树立起一份统一的评价标杆，大多数评估人员认为自己严格遵照职业道德规范，严格按照评估程序执行步骤，就可以得出合理公允的评估结果。政府监管部门和行业组织等也只能简单地监督评估人员是否遵循了相关准则规定程序，以此来评判质量的高低。但是评估报告使用者的评价标准大相径庭，存在不关心评估过程是否符合国家相关准则，客户以利益至上为目的，认为满足自己需求的评估结果就是公允、合理的，评估质量就是高的。因此，资产评估质量模糊性的特征是由于评估主体多元而标准难以统一[24]。

2. 隐蔽性

对信息报告使用者来说，外行人甚至对资产不熟悉的人难以仅仅从报告中的文字与数据就衡量出评估质量的高低，评估报告与普通商品不同，难以简单分辨其中的优劣。如果评估报告的使用者对交易的内容不熟悉或者双方勾结，就会造成对评估质量的误判，难以发现隐藏在文字里的缺陷。如市场上信息不对称等限制，若评估人员与客户合谋，就可以高估或者低估资产价值，使报告使用者造成错误估计而不知。尽管存在政府监管部门和行业协会组织，但他们也难以发现隐藏在背后的舞弊行为，监督存在滞后性，力度不足。资产评估质量的隐蔽性可能驱使个别评估人员违法违规，为了追求利益而罔顾评估的质量。

3. 不确定性

资产评估结果是资产在某一时点的公允价值，而原本合理准确的公允价值可能会随着时间、环境、政策的变化而变得不公允。因此，只能在评估基准日的市场状况条件下衡量评估质量的优劣，否则可能会存在偏差。另外，评估项目的复杂程度不同会使评估人员可能在评估过程中掺杂许多主观因素，即使是不同的评估人员也可能会对同一项目有着不同的评估判断，因此对资产评估质量的衡量存在不确定性。

4. 系统性

资产评估质量易受影响，例如，评估机构的规模和组织管理、内部控制评估人员的素质高低、评估工作过程中各项操作的规范性、评估程序的合理性、评估方法运用的恰当性、评估基准日的选择等。将这些影响因素归纳构成一个完整的评估系统，从签订业务约定书前的准备工作，到制定评估方案，从评定估算到出具评估报告归集档案，系统内的工作流程关系到资产评估质量的高低。在这个系统内各个影响因素也互相作用，构建评估质量控制系统有利于提高资产评估质量[25]。

5. 经济性

资产评估服务是一种有偿的中介服务行为，收取报酬需要考虑到利润效益。如果想要达到高质量的评估，那么需要在评估过程中谨慎细致地完成各项工作，成本就会不可避免地加大，使评估机构收益降低。相反，想要提高收益，就需要减少必要的评估作业环节，这些违规操作使评估质量得不到保障。因此想要评估质量令人满意，就需要找到成本与收益的最佳平衡点。在实践中，由于评估法规的不健全和监督的不完善、滞后性等，会留给评估机构和评估人员可操作的空间。如果收益高，违规成本低，评估人员就有可能为了短期的利益牺牲资产评估质量。

第三节　资产评估质量的标准

衡量事物的规则，满足多数人的需求与利益的才是标准[26]。资产评估活动的产品，由于评估目的、评估对象多元化，利益相关者关系错综复杂，不同的评估业务中，信息使用者需求有着天壤之别。立场不同，需求自然也不同。本节将从资产评估相关利益方的利益角度上分析资产评估质量的判定标准。

一、社会标准

评估产品的使用者包括资产的占有方、资产的接受方和有关部门政府监管部门、银行等。他们利益需求不同，出于不同立场上对评估质量的要求也有所不同。

（一）资产占有方对资产评估质量的要求

在资产评估活动中，往往由资产所有者聘请评估机构签订合同。评估机构自然会按照客户的需求优先考虑他们的利益。在评估活动中，委托人对评估结果存在操作动机，拥有较大的主动权与话语权，从而对评估质量产生了影响。

在不同评估目的下，"理想评估值"有着不一样的内涵。当委托方寻求

IPO 机会时，资产占有方会希望尽可能地拔高自身价值。高额"理想的评估值"不仅能帮助其成功上市，而且在将来上市时可以占有大比例的股权份额。类似情况的还有以资产抵债、以投资为目的等业务。例如，在以资产抵押贷款等资产评估业务中，委托方都希望评估值能尽可能得高，从而换取更高的利益。

（二）资产接收方对资产评估质量的要求

从资产接收方角度分析，资产接收方以最少代价为标准看待"理想评估值"。同样，在不同业务类型中，资产接收方对"理想评估值"有着不同的希冀。与资产占有方不同，在评估目的为上市、偿债、投资时，作为产权交易中资产的买方，他们则希望以少换多，"理想评估值"应尽可能得低。因为当资产的评估值越低时，所有者所持有的价值越少，对资产接收方就越有利。

（三）社会标准的确定

资产评估机构为双方提供评估结果，资产占有方对评估产品的期盼与资产接收方截然不同，作为评估机构，不能偏向任何一方。因此社会标准应当符合大多数人的要求而不能只考虑一方的利益。

资产评估是一项公正性中介服务活动，评定结果也是公平合理的，可用以公允价值设立社会标准。

评估时所处的市场条件千姿百态，被评估的资产所处的状态也形态不一，一般而言，将资产的公允价值分为市场价值与非市场价值两种。资产的市场价值是资产在评估基准日公开市场上最佳使用状态下最有可能实现的交换价值的估计值，这种公平合理的评估结果可以令公开市场上的双方满意；非市场价值是限制交易下资产最有可能实现的预估交换价值，对特定资产业务当事人来说，这种评估结果是公平合理的[28]。

二、专业标准

我国政府相关部门制定行业的专业标准。资产评估行业管理部门利用专业标准约束资产评估业务过程，同时据此约束资产评估质量。

制定专业标准不是一蹴而就的，需要一代又一代人的努力。我国首先由资产评估协会成立专业标准起草委员会，负责草拟专业标准，在反复论证可行性的基础上，向社会各界人士征求意见力求发现漏洞与不足，就这样对专业标准草稿不断地进行修改与推敲，最终成稿提交财政部[29][30]。

随着资产评估在我国不断发展，以及在评估实践中不断发现新问题、新需求，专业标准也在不断修订。从1991年国务院发布了《国有资产评估管理办法》，到1996年，在总结资产评估运行经验教训的基础上，国资办颁布了《资产评估操作规范意见》，对评估方法、评估操作程序进行了更加详细的规范，对各种资产的评估进行了详细说明；从1999年中国注册评估师协会发布了四个指南、两个规范和一个规定，到2001年，财政部正式颁布我国第一个资产评估准则——《无形资产准则》。为了依法规范我国资产评估行业，《中华人民共和国资产评估法》于2017年7月经全国人大常委会通过，2017年4月财政部发布《资产评估行业财政监督管理办法》，2017年8月财政部发布《资产评估基本准则》，2017年9月中国资产评估协会发布25项资产评估执业准则后，又陆续发布5项资产评估执业准则。最终，

《资产评估基本准则》在 2017 年开始颁布实施，至今不断修订与更新。新准则、新时代、新业务不断涌现，评估准则也在与时俱进着，不断满足新时代需求。可见，我国不断为评估业务设定新标准，不断为资产评估提出新的要求[31]。

三、资产评估质量的准确性

准确性是资产评估评估值与交易值的贴切程度。国外学者对资产评估质量问题的研究始于 20 世纪 80 年代，其研究的核心问题是资产评估过程中出现的评估价格和交易价格的偏离现象。米林顿（Millington）认为事实上估价的准确性是不存在的，评估价格与市场价格相同的情况是一种异常情况[32]。瓦尔迪认为资产评估值与市场交易价格越接近，资产评估的准确性越高[33]。弗伦奇认为不确定性在估价中普遍存在，且这种不确定性将随市场的有效性变动而变动，即使是在法庭上使用的"正确评估值"也不能被证明是正确的，因为它时刻因为市场环境而改变[34]。

而国内学者侧重不一，董时剑认为因为估值的评估师和分析师的个人经验和素质的不同，即使是使用相同的估值方法，也会得到不同的估值结果，评估结果的准确性受到了多方面的质疑[35]。王婷婷资产评估作为最后成交价的重要参考依据，是交易价格公允性与准确性的重要保障，对于评估增值率的研究也显得尤为重要[36]。王小荣等发现并购重组的成交价格与评估定价基本吻合，评估定价为交易提供了公平合理的咨询价格，具有一定的准确性[37]。

第五节　资产评估质量管理的历史沿革及发展

质量管理分为政府监管与行业管理，前者主要由政府相关部门组成，而后者为民间评估协会间内部的自律。资产评估质量管理模式是在长期的摸索实践中逐渐成型的。它表明了控制主体与控制对象之间、不同控制主体之间、控制主体与其他相关组织、控制对象与其他相关组织之间的关系[38]。

一、资产评估质量管理在国外的发展及主要组织

目前，各个国家主流的监管有三类模式，分别为由政府监管为主的监管模式、由行业自律监管为主的监管模式（如澳大利亚）和政府监管和行业自律监管相结合的监管模式（如美国）[39]。同时出现了许多资产评估行业国际及区域性组织在全球及区域范围内推动准则制定、信息交流与沟通，为促进资产评估行业的发展起了重要作用。

在国外，资产评估行业国际及区域性组织主要如下所示。

（一）国际评估准则理事会

国际评估准则理事会（简称 IVSC），注册于美国伊利诺伊州，运营总部位于英国伦敦，是一个独立的、不以营利为目的的国际评估组织。国际

评估准则理事会历经沿革，几经更名，前身是 1981 年成立的国际资产评估准则委员会，于 1994 年更名为国际评估准则委员会，后于 2008 年会员全体大会宣布改组并更名为国际评估准则理事会[40]。国际估值标准委员会致力于推动制定估值行业全球标准。其主要目的是制定国际估值标准，以促进公共利益的一致性和专业性。其所发布的国际估值标准（简称 IVS）是全球估值专业人士的主要指南，以支持估值的一致性、透明度和信心。国际估值标准是国际估值标准委员会使命的核心，旨在提高国际估值实践的标准，作为金融体系的核心部分，以造福资本市场和公共利益。国际估值标准被全球市场和 100 多个国家的估值专业人士用作估值框架。国际估值标准为所有资产和负债的估值带来一致性、可比性和透明性。国际估值标准涵盖的内容由五个"通用标准"和八个"特定资产标准"组成：①通用标准为所有估值任务的进行设定了要求，包括确定估值业务的条款、价值基础、估值方法和方法以及报告。②资产标准包括与特定资产估值类型相关的要求，包括影响价值的每种资产类型特征的背景信息，以及关于常用估值方法和方法的附加资产特定要求[41]。

（二）世界评估组织联合会

世界评估组织联合会（简称 WAVO），2005 年在澳大利亚成立。2008 年迁往新加坡。其宗旨：发展和加强财产估价实践，以确保在整个发展中向世界以及向发展中国家和转型国家提供始终如一的高质量估价服务，并具有专业的诚信[42]。

国际估值标准委员会是估值行业的全球估值标准制定者，世界评估组织联合会是一个由国家估值机构组成的全球组织。2016 年 11 月在韩国大邱举行的世界评估组织联合会（WARO）第八届评估师大会开幕式上，双方通过签署合作备忘录（简称MOC）来加强联系，共同宣传采用国际估值标准的重要性。来自世界各地的300多位政要、受邀嘉宾和估价师共同见证了估值行业的这一里程碑事件。

作为全球标准的制定者，国际估值标准委员会的主要重点是为估值行业制定一套全球公认的标准，提供透明性和一致性的方法，这对于跨境交易和国际商业交易至关重要。世界评估组织联合会是国家估值组织的伞形机构，专注于通过教育、培训和培养估值师的专业能力来发展估值行业，了解和应用国际估值标准委员会估值标准是世界评估组织联合会发展估值行业努力的一部分。使用国际估值标准委员会标准对估值师进行培训，将有助于制定一套全球公认的标准，并使估值师承诺采用一套标准。合作备忘录通过世界评估组织联合会鼓励其成员采用符合国际估值标准委员会标准的标准来完成。此外，世界评估组织联合会将寻求对其成员和其他估值组织进行教育、培训和推广国际估值标准委员会标准的使用。国际估值标准委员会董事会主席大卫爵士表示："合作备忘录是朝着在国际估值标准委员会和世界评估组织联合会之间建立长期关系迈出的重要一步。我们将利用两家组织的丰富知识和广泛的网络来实现我们的共同目标，即建立一套全球公认的估值标准。"[43]

（三）美国评估促进会

美国评估促进会（简称TAF）。1986年，美国和加拿大的9家领先的专业评估机构成立了专业评估实践统一标准（简称USPAP）特设委员会，以应对储蓄和贷款行业的危机。1987年，该委员会发展成立了美国评估促进会，以实施专业评估实践统一标准作为美国普遍接受的一套评估标准。这些组织认识到确保评估基于既定的、公认的标准的重要性。1989年，美国国会颁布了《金融机构改革、复苏和执行法案》（简称FIRREA），授权美国评估促进会作为评估标准和资格的来源。美国评估促进会是美国估价行业的最高权威，董事会负责为估价师制定国会授权的标准和资格，并为所有估价专业人士提供自愿指导。其使命是通过制定卓越标准、促进教育和维护公众信任来推动估值行业的发展。美国评估促进会的使命是促进公众对评估行业的信任。美国评估促进会的大部分工作侧重于为所有物业类型的估价师制定和推广专业估价标准和估价师资格[44]。

（四）美国评估师协会

美国评估师协会（简称ASA）。美国评估师协会是一个多学科、非营利性的国际专业估价师组织，于1952年在特拉华州成立。由1936年成立的美国技术估价师协会（简称ASTA）和1939年成立的技术估价协会（简称TVS）合并，旨在为所有学科的评估师建立有效的专业联盟，共同努力提高评估行业的标准，美国评估师协会的目标如下：协会应促进其成员之间的思想和经验交流；培养评估职业；建立和维护评估实践的原则和指导其成员的道德守则；保持普遍承认社会成员是客观、公正的财产价值评估者和顾问；向学会的合格成员授予一项或多项专业称号；并寻求获得公共和私营企业对该行业的认可[45]。

（五）澳大利亚资产学会

澳大利亚资产学会（简称API）。最初成立于1926年，现在已成为专业人士的领先专业会员组织，他们发展和支持会员为社会和企业提供建议。1944 年 吸收了第一位女性会员，2015 年，澳大利亚资产学会成为澳大利亚全国统一的学会。目前，澳大利亚资产学会引领澳大利亚资产评估行业，为会员制定和维护最高的专业实践、教育、道德和专业行为标准。澳大利亚资产学会的工作提高了整个澳大利亚资产评估行业的标准。代表范围广泛的资产评估专业人士，为会员提供一系列利益相关者的支持，为每个会员提供应得的专业认可；致力于扩展会员的专业知识和知识，为评估行业的未来奠定坚实的基础[46]。

（六）英国皇家特许测量师学会

英国皇家特许测量师学会（简称 RICS）。皇家特许测量师学会是英国的测量师专业机构，于 1868 年在伦敦成立，历史悠久。凭借伦敦总部和遍布英国的区域办事处以及国际办事处，它为分布在近 150 个国家、地区的134 000 名会员提供服务。英国皇家特许测量师学会与其他国家测量机构有联系，并与其他专业机构合作，2013 年成为制定国际财产测量标准联盟的创始成员。它还提供有关估值和其他活动的信息和专业指导[47]。

二、资产评估质量管理在我国的发展

20 世纪 80 年代末，在我国经济建设发展中，我国资产评估行业诞生萌芽并开始苗壮成长。为了管理国有资产，防止国有资产流失，国家大力支持与推动评估行业的建立，同时加强监管，形成了我国评估行业发展初期的政府干预型监管模式。1993 年中国资产评估协会成立，我国由政府直接监控模式，逐步转型成政府领导下的行业内部自我管理的模式。至今，已经形成了二者监管相结合的资产评估监管模式[48]。

（一）20 世纪 80 年代自 1993 年资产评估行业协会成立

1988 年 4 月，大连市政府批准设立大连市资产评估中心，我国第一家资产评估机构成立。1989 年，国家国有资产管理局资产评估中心成立，将行政管理职能授予资产评估中心，全国资产评估行业受其监管[49]。1991 年，国务院颁布《国有资产评估管理办法》，这是我国第一部对资产评估行业进行政府管理的行政法规。1992 年，国家国有资产管理局发布《国有资产评估管理办法施行细则》。

（二）1993 年中国资产评估协会成立以后

1993 年中国资产评估协会成立以后，1994 年国家国有资产管理局资产评估中心并入中国资产评估协会。随后，我国借鉴外国先进经验，引入了注册资产评估师制度。1995 年全国注册资产评估师执业资格制度正式建立。1996 年首次全国注册资产评估师执业资格考试举行。2001 年我国第一个资产评估准则，即《无形资产准则》出台。2003 年国务院设立国务院国有资产管理监督委员会。财政部有关国有资产管理的部分职能划归国资委。国资委作为国务院特设机构，以出资人的身份管理国有资产，包括负责监管所属企业资产评估项目的核准和备案。财政部则作为政府监管部门负责资产评估行业管理工作。

2005 年财政部发布了《资产评估机构审批管理办法》。2004 年《资产评估准则——基本准则》和《资产评估职业道德准则——基本准则》两个基本准则的出台，表明我国资产评估准则的总体框架已建立。2006 年，中国资产评估协会发布了《中国资产评估协会会员管理办法》。同年，发布了《资产评估执业质量自律检查办法》，这些管理办法，表明行业监管已经成为我国资产评估监管体系中重要的组成部分，并与政府监管共同保证我国资产评估行业执业质量。

为了依法规范我国资产评估行业，2016 年《资产评估法》颁布，成为资产评估行业的大法。2017 年，人社部、财政部联合印发《资产评估师职业资格制度暂行规定》《资产评估师职业资格考试实施办法》，建立新的资产评估师考试制度。同年，财政部发布《资产评估基本准则》、中国资产评估协会发布 25 项资产评估执业准则后，又陆续发布 5 项资产评估执业准则。至此，我国资产评估行业执业法规体系搭建完成。

2021 年 2 月，财政部印发《加强资产评估行业联合监管若干措施》的通知。通知指出：依据《中华人民共和国资产评估法》，严格执行《资产评估行业财政监督管理办法》《财政检查工作办法》《资产评估执业质量自律检查办法》及相关法规制度，依法依规依程序开展检查。财政部监督评价局、中国资产评估协会建立资产评估行业联合监管工作机制，加强制度机制的顶层设计，研究部署联合监管实施工作。在财政部（监督评价局）统一组织下，财政部各地监管局充分发挥属地监管优势，加强对中央企业、中央金融机构、上市公司相关资产评估业务的监管。地方财政部门及资产评估协会建立完善本区域相关工作机制，并与当地监管局密切合作，形成监督合力。

参考文献

［1］中国资产评估协会.资产评估基础［M］.北京：中国财政经济出版社，2018.10.

［2］宋夏云，叶定飞，厉国威.资产评估质量的影响因素研究——基于上市公司关联方交易视角［J］.南昌大学学报（人文社会科学版），2019（3）：75-84.

［3］王祺扬.亟须重视和改进资产评估质量［J］.国有资产管理，1995（3）：19-22.

［4］刘桂良.论资产评估质量控制标准建设［M］.北京：经济科学出版社，1997：216-217.

［5］李秀丽，孙志惠.资产评估质量研究综述［J］.现代商业，2019（33）：92-93.

［6］尉京红.我国资产评估质量问题研究［D］.天津：天津大学，2007：10-28.

［7］林琳，李艳敏，王建中.评估准确性研究对评估质量评价的启示［J］.经济论坛，2009（9）：102-103.

［8］陈明高.资产评估价值的合理性分析［J］.中国资产评估，2003（4）：24-26.

［9］高岩.论资产评估准确性的标准［J］.辽宁经济，2003（6）：22.

［10］许小平.资产评估的质量控制［J］.中国资产评估，2000（1）：32-33.

［11］秦璟.国外资产评估准确性研究进展及对中国的启示［J］.经济与管理研究，2012（8）：124-128.

［12］毛圆圆.资产评估收费影响因素的实证研究［D］.保定：河北农业大学，2008：7-10.

［13］叶将锋.资产评估机构声誉、环境不确定性与资产评估质量［D］.杭州：浙江财经大学，2019：8-12.

［14］王世娇，尉京红，徐海龙.浅谈资产评估机构规模对资产评估质量的影响［J］.现代商业，2018（26）：52-53.

［15］WALDY. Valuation Accuracy［C］.64th FIG Permanent Committee Meeting & International Symposium, Singapore, 1997（2）：1-7.

［16］PARKER D R. Valuation Accuracy -an Australian Perspective［C］. 4th Pacific Rim Real Estate Society Conference, 1998：18-19.

［17］HUTCHISION. Variations in the Capital Valuations of UK Commercial Property［R］. London: Royall nsti tution of chartered surveyor, 1996 : 3-6.

［18］MATAYSIAK G, WANG P. Commercial property market prices and valuations : analyzing the correspondence［J］. *Journal of Property Research*, 1995（3）：20-27.

［19］BROWN G R, MATYSIAK G A. Sticky Valuations:Aggregation Effects and Property Indices［J］. *Journal of Real E*State *Finance Economics*, 2000（1）：15-17.

［20］FRENCH N. *A Question of Value*: *a Discussion of Property Pricing and Definitions of Value*［M］. Springer US，2003.

［21］CROSBY N，STEVEN D，GEORGE M. Valuation accuracy : Reconciling the Timing of the Valuation and Sale［J］. *European Real EState Society*，2003（944）：431-447.

［22］FRENCH N. Introducing Property Valuation［J］. *journal of property investment & finance*，2013（31）：1.

［23］全国注册资产评估师考试辅导教材编写组.资产评估学［M］.北京：中国财政经济出版社，2001：20-80.

［24］卢文彬.浅论审计质量特征对审计价值的影响［J］.中国农业会计，2003（6）：30-32.

［25］张龙平，张敦力.试论审计质量特征与审计质量控制思想［J］.审计研究，1997（5）：26-27.

［26］葛其泉.资产评估机构对ISO9000质量标准的选用［J］.中国资产评估，2000（2）：32-33.

［27］中华人民共和国财政部制定.企业会计准则2002［M］.北京：经济科学出版社，2002：25-27.

［28］全国注册资产评估师考试辅导教材编写组.资产评估学［M］.北京：中国财政经济出版社，2001：21-23.

［29］赵兵.对加强资产评估立法的初步思考［J］.中国资产评估，1997（6）：21-22.

［30］中国资产评估协会.97 中国资产评估法规汇编［M］.北京：经济科学

出版社，1997：20.

［31］中国资产评估协会.97 中国资产评估法规汇编［M］.北京：经济科

学出版社，1997：28-30.

［32］MILLINGTON A F. Accuracy and the Role of the Valuer［J］. *EStates*

Gazette. 1985（11）：603-625.

［33］WALDY. Valuation Accuracy［C］. 64th FIG Permanent Committee

Meeting &International Symposium, Singapore, 1997（2）：1-7.

［34］FRENCH N. *A Question of Value*: *a Discussion of Property Pricing and*

Definitions of Value［M］. Springer US, 2003.

［35］董时剑.上市公司企业价值评估结果准确性研究 ——以鞍钢股份为例

［D］.石河子市：石河子大学，2017：10-15.

［36］王婷婷.上市公司并购重组中资产评估增值率研究［D］.北京：北京

交通大学，2017：6-8.

［37］王小荣，陈慧娴.企业并购重组中评估定价与成交价，谁被资本市场

接受？——来自 2007—2011 年中国上市公司的经验数据［J］.中央

财经大学学报.2015（9）：55-62.

［38］刘玉平.我国资产评估行业管理问题研究［J］.国有资产评估，2001，

（11）：53.

［39］尉京红.我国资产评估质量问题研究［D］.天津：天津大学，2007：

15-28.

［40］中国资产评估协会.资产评估行业主要国际及区域组织简介［EB/OL］.

（2021-01-18）［2017-03-07］. http：//www.cas.org.cn/gjjl/kcbg/54292.htm.

［41］IVSC. International Valuation Standards Council［EB/OL］.（2018-08-18）

［2021-04-15］. https：//www.ivsc.org.

［42］WAVO. World Association of Valuation orangizations［EB/OL］.（2018-09-

17）［2021-04-15］. http://vsc.org/the-international-valuation-standards-

counciland-the-world-association-of-valuation-organisations-sign-moc.

［43］IVSC. International Valuation Standards［EB/OL］.（2021-06-06）

［2021-04-15］.https://www.ivsc.org/the-international-valuation-

standards-council-and the-world-association-of-valuation-organisations-

sign-moc.

［44］TAF. The Appraisal Foundation［EB/OL］.（2021-02-18）［2021-04-15］.

https://www.appraisalfoundation.org.

［45］ASA. History of ASA-American Society of Appraisers［EB/OL］（2020-

01-18）［2021-04-15］.https://www.appraisers.org/About/history-of-asa.

［46］API. Australian Property Institute［EB/OL］.（2021-01-19）［2021-04-15］.

https：//www.api.org.au/about.

［47］RICS. DRS Services-RICS［EB/OL］.（2019-12-18）［2021-04-15］.

https：//www.rics.org/zh/products--services/dispute-resolution-service/

drs-services.

［48］中国资产评估协会.资产评估行业 30 年 30 事［J］.中国资产评估.

2019（1）：2-57.

第四章　资产评估质量影响因素分析

　　资产评估的主要目的在于合法合理地评定估算特定时点的资产价值，维护与资产相关各方的合法利益。资产基础法、市场法、收益法是实务中比较常用的评估方法，不同评估方法涉及不同的评估过程和评估参数，也有着不同的适用范围与局限性，对于某一项特定的经济行为，在市场条件相同的情况下，对处于相同状态的相同资产进行评估，评估结果应客观，不会因为不同评估方法的采用而产生太大差异。企业价值评估的业务需求持续增长，资产评估服务的范围不断扩大，评估报告的使用者对企业价值评估结果的合理性和准确性提出了越来越高的要求。

　　当前国内外关于资产评估质量内涵的学术研究主要集中在四个方面：一是仅站在评估者的角度来解释其对评估质量的影响；二是站在资产评估结果的角度来探讨资产评估质量的内涵；三是从资产评估的运作过程角度探讨其质量内涵；四是从全面观点的角度来探讨其质量内涵，主要包括评估立项质量、评估方法质量、评估人员质量、评估机构质量、评估工作质量及评估结果质量。评估信息使用者、评估机构与评估人员特征、评估行业监管者、市场环境、政策环境、信息环境、诚信环境等都将对资产评估的准确性产生影响。

第一节　资产评估行业内部影响因素

由于待评估资产定价与广大投资人的利益密切相关，这就需要专业的第三方评估机构评定估算出公允价值，为资本市场的投资与交易定价提供参考。评估过程的主要参与者包括客户、监管者、评估机构及评估人员以及评估报告使用者，他们共同对评估结果产生影响，从而影响评估质量。资产评估中的相关当事人在评估过程中所关注的侧重点不同：评估信息需求者一般希望第三方机构所提供的估值结果能够满足自己的需要，一方面期望合理可靠的高质量估值结果，另一方面希望评估机构能按自己的意愿来评定估算出自己想要的评估值，以达到相应的目的；评估机构作为营利性中介机构，在尽可能不违规的情况下，投入最少的成本获得最大的业务收入是其理想目标；评估行业协会、政府等监管部门规范市场，监督评估活动，惩处违规行为[1]。

从经济学角度来看，客户和评估机构、监管部门三者之间形成博弈关系，博弈的结果在一定程度上影响资产评估的质量。客户对所谓高质量资产评估的需求较低，为达到目的会对评估机构施加影响以使评估机构按自己的意愿进行评估，否则更换新的评估机构；评估机构在博弈中所处地位较低，特别是小机构不易保持独立性，在客户压力影响下，就会考虑满足客户要求进行违规操作取得的收益和由此可能被查处受到惩罚造成损失的大小，进而选择是否迎合客户需要进行违规操作[2]；评估行业监管方过于注重行业保护，则可能导致忽视社会公众这类信息使用者的利益，若缺乏有力监管，评估机构和人员的违规成本太低，则可能给予评估机构和评估人员"可趁之机"，屈从于客户压力或在评估过程中敷衍了事。在动机、机会、环境、手段等共同作用下，有时评估机构与评估人员与客户达成共识，从而使评估结果偏离合理范围[3]。

一、信息的需求者

评估信息需求者主要包括资产出让方、资产受让方以及其他利益相关者，委托方委托评估机构对拟交易资产进行价值评估，让评估信息需求者满意的评估结果应该是最有可能实现的交换价值的估计值。

在评估活动中，客户与评估机构存在委托关系，客户提供相关信息，支付一定的费用雇佣评估机构对被评估资产进行评估；评估机构接受委托，根据信息对待估资产价值做出专业判断，出具评估报告，收取既定费用。由于在资产交易市场中所处的位置不同，因此需要达到不同的评估目的，资产评估信息需求者会对被评估资产的价值有不同的预期：资产出让方一般会希望评估机构能够高估资产价值，从而达到收取更高价款、占有更多股份或是获得更多贷款等目的；而资产受让方则会希望评估师能低估资产的价值以实现用最经济的价格完成资产交易的目的[4]。同时，从我国评估行业的发展历史来看，我国的资产评估行业发展与国有企业的改革与发展有着密切的关联，这导致以下事实：参与资产评估的各方往往缺乏积极性去追求资产评估价值的准确性，更加注重评估结果是否达到预期价值和预期收益率[5]。因此，评估信息需求者作为站在不同角度的利益相关方，在资产交易市场上进行博弈，他们总是希望资产评估结果能够满足自己的需要，并存在通过影响评估人员的价值判断来实现其目的和动机。

上市公司关联交易是指发生于上市公司或其控股子公司与上市公司关联方之间的，可能导致资源或义务转移的事项。关联交易本是基于合法正当途径下，能够节约商业交易成本，降低交易费用，提高交易效率，但存在部分企业打着关联交易旗号谋取利益的情况，其核心问题是关联交易资产定价是否公允合理。公司第一大股东利用关联交易的隐蔽性，通过非公允的关联方交易剥离不良资产，操纵公司利润，粉饰业绩，实现利益输送。在交易中，关联交易价格往往由评估结果而定，控股股东利用这点，与评估机构操纵评估价值，损害相关方利益，降低评估结果合理性[6]。

被评估企业的财务信息质量对资产评估质量也存在较大影响，企业财务信息的质量低和信息化程度低会增加资产评估的不确定性风险，影响资产评估质量[7]。从被评估企业的资产内部结构角度来看，固定资产增值率、流动资产比重、无形资产比重、无形资产增值率、企业规模等资产特征对资产评估增值率具有显著影响作用。此外，如果被评估企业处在不同的行业之中，那么其评估增值率也会有显著不同[8]。如果被评估企业利用自身优势，对会计信息作假，隐藏资产与负债，就会降低资产评估的质量，这要求评估师要规范清查财产情况，才可能减少资产评估的不确定性风险。一般而言，诚信度高的委托方客户会提供更真实、详尽的被评估对象资料，出现评估风险的可能性就相对小；如果评估委托方管理不完善，被评估资产产权不清，财务混乱，甚至是故意提供不详实的财务信息，那么出现资产评估风险的可能性就非常大[9]。

二、资产评估信息的供给者

资产评估是由独立第三方出具价值评估报告，它的功能是为资产交易中的双方提供交易定价参考，评估信息的提供者是专业评估机构和评估师，评估人员执行评估项目，签字注册资产评估师和项目负责人对资产评估报告负直接责任，评估机构承担最终责任。资产评估信息供给者对资产评估质量的影响主要来自评估过程。

关于资产评估机构对评估质量影响的现有研究主要集中于以下三个方面。

1.资产评估机构规模对资产评估质量的影响

在构建资产评估质量评价指标体系时，评估机构规模作为必要评价指标之一，对评估质量产生重要影响[10]。一般来说，大规模机构往往具有更为规范的内部控制标准，大规模评估机构财力、物力更为丰厚，为评估专业人员提供了更高的薪资待遇和更好的发展平台，更能吸引专业人才，在满足员工精神与物质需求的情况下，稳定机构人才队伍，形成"传帮带"局面，拓宽队伍经验储备，增强协同效应，提高工作效率。同时，大规模评估机构招揽业务能力强，评估人员在众多业务量中积累实践经验，降低对来自单个客户的业务收入的敏感性，在面对利益抉择时，对独立性有着更高的追求，因而避免屈从于客户的不当要求[11]。相较于凭靠弄虚作假抓住眼前利益，大机构更加爱惜自己的声誉，而小规模资产评估机构由于本身业务量就比较小，为了抓业务，会不惜放弃执业操守，存在较强的提供低质量资产评估服务的动机。大规模资产评估机构的突出优势促使其在胜任能力和独立性等方面均普遍高于小规模的资产评估机构，也因而提供了更高的资产评估质量[12]。

2. 资产评估机构声誉对资产评估质量的影响

作为中介机构，资产评估机构的服务质量将受到声誉的影响。资产评估机构的声誉越高，排名越靠前，评估价值与交易价格之间的差异越小，评估结果越准确，资产评估质量就越高，更有进一步研究表示，在环境不确定性越大时，资产评估机构的声誉对评估质量的正面影响就越大[13]。良好声誉是机构软实力之一，我国资产评估机构注重品牌化建设，并且效果显著，虽然也存在个别品牌机构不良执业的情况，但从整体而言，高声誉确实意味着高质量。声誉具有吸附效应，高声誉的资产评估机构往往会吸引到更加优秀的高层次人才、更广大的客户群体以及更多的政策支持。一方面，声誉高的机构一般拥有更强大的团队，合理分配项目组成员，评估专业人员的专业知识储备深厚，实践经验丰富，胜任能力优越，更容易降低交易双方之间信息不对称程度，定价也更为公允，一定程度上保障了评估结果的质量，好的评估质量同时反哺机构声誉[14]。另一方面，为了机构长远发展，高声誉的资产评估机构会倾向于维护好自己来之不易的高声誉，在面对委托方的不良要求时，会考虑到违规操作对本机构的不良影响，违规迎合客户所带来的收益难以弥补其带来的损失，一定程度上对独立性的保持也起到了良好的警示作用，这些客观情形的存在，促使高声誉的资产评估机构优于小机构，提供了更高的资产评估质量。

3. 资产评估机构内部治理和监督对资产评估质量的影响

评估机构的企业文化、内部控制水平与执行情况对资产评估质量产生重要影响。评估机构的企业文化包括经营理念、企业精神、价值观念、发展战略、人才培养等，它与资产评估机构执业质量的好坏、所出具评估报告的优劣有着直接的关联[15]。完善的内部控制包括机构负责人在承接项目、评估过程中的风险意识；建立健全的评估质量管理制度及三级复核制度的实施情况；评估机构的短期发展策略等。风险意识强，质量管理制度落实到位，注重机构内部建设，制定长远发展策略，都可能对评估质量产生正面影响[16]。每个评估机构所出具的评估报告都会具有一定的"特征"，必须从始至终严格把握评估过程质量、规范报告内容，才能出具一份高质量的评估报告，也只有严格的内部风险控制制度才能促使评估师与评估人员勤勉尽责，出具合规合理的评估报告。从本质上来说，资产评估机构对资产项目的评估过程是权衡和协调对评估行业实践标准的合规性和满足评估者信息需求的过程，资产评估报告是收益权衡结果的体现[17]。如果资产评估机构缺乏规范和有效的自我管理机制和监督制度，这可能使得资产评估机构为争取客户而降低职业道德标准，同意客户的不合理要求，虚报资产价值，以谋私利，最终导致资产评估质量较低[18]。要提高资产评估质量，必须加强资产评估机构的内部控制和监督。

资产评估是资产评估师及评估人员运用自身知识和经验对被评估资产的价值做出专业判断与决策的过程，评估人员是资产评估活动的直接参与者，是主体与核心。由于资产评估行业的特殊性与现阶段发展不够成熟，市场经济体制不完善，使我国的资产评估环境具有较大的不确定性，不确定性贯穿于整个评估过程始终，面对这些不确定性因素，评估人员需要运用专业技能和评估经验进行分析和判断，在对资产的本质与价值较为全面了解和把握的基础上分析市价及未来走势，对资产价值做出职业判断，得出合理公允的结论，这在评估活动中起着至关重要的作用。若资产评估师专业胜任能力不足，有可能会出现评估假设使用不合理、评估方法的选取不恰当、收入预测依据不充分、案例选取时缺乏支持等问题，都可能导致评估结果不合理；由于资产评估机构可能会涉及产权评估、设备评估等广泛的业务，因此具有资产评估专业背景的资产评估师可能还会面临自身能力以外的问题，并需要该领域更多专业人士的协助[19]。

有学者从利己主义、利诱、威胁、欺骗、后果等多个维度设计调查问卷，研究注册资产评估师的道德价值观，结果表明评估师的职业道德、价值观差异建立在年龄、经验、教育背景及相关职业道德教育之上[20]。专业知识储备与经验积累，让评估师及评估人员在评估过程中对相关信息的收集、理解与应用、评估方法的选择等方面都有较大的影响，尤其是收集信息这一环节，要求评估人员具备较为扎实的专业知识，具有严谨的执业态度、丰富的执业经验和良好的职业道德水平[21]。研究发现，当评估人员对评估结果心中有数时，就会自动减少对相关数据信息的搜集，由于偏离规范程序而影响资产最终评估值[22]。评估师具有越高的实际胜任能力与独立性，越能降低不稳定性风险，有助于资产评估质量的提高[23]。根据对中国资产评估师评估判断认知的问卷调查数据显示，在影响资产评估师做出高质量判断的诸多因素中，职业道德是最显著影响因素，占比约为43%，来自法律责任的约束居第二[24]。资产评估师自身职业道德素养是其在评估过程中是否能够保持独立性的决定性因素。拒绝迎合相关当事人的不正当要求，得出相对客观公正的评估结果[25]。实证研究表明，资产评估师的执业经验与评估质量呈正相关，经验越丰富，评估师的估值判断越准确，资产评估质量越高[26]。

三、资产评估监管者

资产评估是一个专业服务行业，在现代市场经济中起着基础性的作用。有效的市场监管可以促进资产评估服务质量的提高。资产评估监管者是为了保证评估质量而对资产评估活动进行监督和管理的组织或部门，主要包括有关政府监管部门和评估行业监管部门。目前我国政府监管部门主要有国有资产监督管理委员会、财政部、证监会、自然资源部等，评估行业监管部门主要是中国资产评估协会。从协会的角度来看，对资产评估信息的监管施行自律机制，通过制定资产评估准则、审查评估机构和注册资产评估师的执业资格等来规范资产评估机构和人员的行为。

如今政府由全能型转变为服务型，评估行业协会也在不断地发展完善，行业自律监管从"与行政一体化监督"到"与行政形式上分别监督"，再到"与行政实质上分别监督"，如今形成行业、行政、机构三足鼎立，相互监督与配合的模式，为评估行业的发展保驾护航[27]。但同时，目前资产评估行业没有统一的管理部门，财政部，以及自然资源部等均能够对资产评估行业实施管理和监督，这些政府职能部门参照的法律、法规未能统一，对评估机构和评估师有着不同的标准。虽然资产评估管理方面的新文件和新制度不断出台，但由于不同的行政主体出台不同的管理制度，评估机构和评估师在执业过程中，要遵守不同层面管理部门的标准与要求，使资产评估机构产生混乱[28]。这造成我国资产评估行业管理混乱，协调性差，监管体系薄弱，资产评估过程缺少严格的监管，整个资产评估行业无权威法律可依，导致存在资产评估质量低下等问题[29]。国家针对此问题出台了相应的法规进行规范，但市场经济体量庞大，随着资产评估行业准入门槛的降低，行业组成成分变得更加复杂，仍然难以形成系统性的规范与监管，有碍于资产评估质量的提高[30]。资产评估行业自律监管的道路，仍然任重而道远。

第二节　资产评估行业外部影响因素

环境作为一种客观存在，它通过直接或间接的方式，始终影响着评估行业的运行和发展。资产评估执业环境不仅包括市场环境、法治环境、政策环境等大环境，还包括信息环境、诚信环境等小环境[31]。

一、国家政策

资产评估的政策环境意味着国家颁布评估行业相关法律规范，以使资产评估行业能够形成自己的法律体系，在从业人员从事商务活动时，能够做到有法可依，对不当评估或失实评估进行查处惩戒时，能够做到有充分根据可以依照，形成行业发展保驾护航的良好行业环境和法律环境。建立健全的管理体制是行业发展的重要保证之一，2016 年 12 月 1 日《中华人民共和国资产评估法》和 2017 年《资产评估行业财政监督管理办法》的出台在一定程度上弥补了我国资产评估行业法律上的空白，评估行业注入新的活力。在此指导下，财政部和中国评估协会修订了资产评估的基本准则、资产评估的职业道德准则以及其他实体性和程序性准则，并完善了资产评估指南和指导意见。法律法规的逐步完善，为提高资产评估质量创造了有据可查的实践环境，可以更好地提高资产评估行业的质量[32]。

但仍然存在一定的问题，一方面，当前我国社会经济快速发展，国资深入改革，所涉及的经济领域不断增多，经济业务愈发繁琐化，现有的相关政策无法全面涵盖，准则规章往往落后于实践，实践中遇到的问题未必能在准则中找到解答，由于行业本身的特殊性，评估准则往往只能提出一些原则性的职业要求，例如"合理使用评估假设"，给了评估人员一定的自由裁量权，评估人员可能"钻空子"，对评估质量造成负面影响，对评估行业的公信力不利；另一方面，由于准则的制定者是行业协会，不可避免地会倾向于保护行业、从业者的利益，社会公共的利益在一定程度上会被忽视，因此监管者需要站在更高的层次来考虑和维护行业平稳运行[33]。

总而言之，评估行业法律规范体系建设是一把"双刃剑"，为资产评估稳中向好发展保驾护航的同时又对资产评估执业行为做出了严格的规范，可以说，评估机构和评估人员既受其保护又受其制约。评估法律制度体系的完善程度与评估质量呈正相关，评估相关法律制度越完善，评估机构和评估人员的执业行为就越规范、严谨，评估质量就越高；反之，评估法律体系越欠缺，违法成本越低，评估机构和评估人员违规操作的可能性就越大，相对来说评估结果的合理性更难以得到保证。

二、经济环境

资产评估经济环境是指资产评估活动所处的周围由资产评估市场构成的相关情况和条件。资产评估行业的发展与经济市场相辅相成。如今，在市场经济环境中，资产评估作为评估市场的主体，为社会提供服务，在承担应有的义务的同时，它作为一个独立的经济实体也面临着市场竞争。有序的市场竞争有利于行业中优胜劣汰，提高从业人员的专业水平，提高资产评估质量；相对应的，无序的市场竞争将形成恶性循环，从而导致整体评估质量下降。

纵观世界各国资产评估行业的发展水平，资产评估行业往往是伴随着国民经济的发展而壮大的，发达国家和地区的资产评估水平高于经济水平较为落后的地方。起步虽晚，发展速度却很快，评估市场竞争激烈，委托代理关系并非唯一的业务需求影响因素，委托方委托评估机构执行评估业务，并不是看其评估质量的高低，而是评估人员能否按照其要求出具评估报告。同时，《中华人民共和国资产评估法》颁布后，市场准入门槛放宽，市场活力被大大激发，评估人员准入门槛降低，评估机构设立条件放宽，新设评估机构如雨后春笋般崛起，行业涌入诸多人员。很多中小机构虽迅速壮大，但评估人员经验和能力不足，更重视收入与项目数量，供需双方的博弈必然导致市场不正当竞争的产生，甚至部分机构为了争夺业务打起价格战，严重削弱评估人员的客观性与独立性，为降低项目成本轻忽流程规范，可能还会弄虚作假，导致评估质量受到负面影响[34]。

从资产评估行业发展历史来看，由于社会主义市场经济的需要，资产评估应运而生，我国的资产评估行业起源于国有资产评估。资产评估从诞生之初就以保护国有资产和防止国有资产流失为主要任务，在抑制国有产权交易中的腐败方面发挥了重要作用。根据中评协《"十三五"时期资产评估行业发展规划》，资产评估行业将进一步围绕国企改革、国有经济战略调整、资本市场发展，深化和巩固整体资产、变动等传统评估业务领域[35]。资产评估的业务量、业务结构往往与国家重大发展战略有关，若短期内资产评估业务需求急剧增长，评估机构业务应接不暇，可能超负荷量工作，这时，为了压缩时间完成更大的工作量，在评估过程中"走过场"、违规等负面现象就会增加，评估结果不确定性上升，评估质量将会难以得到保证；反之，在产权变动较少的时期，评估业务量一般会处于一个较低的水平，评估机构可能出于生存需要，为了争取客户、提高业务量"低价揽客"，缩减评估程序，尽量满足客户对评估结果的要求，降低评估质量，进而影响到评估业作为一个中介行业的公信力。因此，评估业的有效需求是评估业保持评估质量和评估结果合理性的影响因素之一[36]。

三、信息环境

资产评估信息环境是指资产评估活动所处的社会周围的各种与资产评估相关信息的提供、获取等情况和条件。对诸如客户、产权、资本市场、行业发展前景、相关政策法规、可比案例等信息的收集、整理、加工、传递工作贯穿了评估项目运行全过程，评估师筛选大量信息，并根据相关信息对评估资产的价值进行专业的估值判断。一般来说，参考对象的范围越广，相应的市场数据就会越丰富，评估结果就越真实可靠[37]。

目前，我国市场机制还没有完善，尚未形成一套有效保证信息公开、公平和有效的传递机制，这就使得市场交易主体之间所掌控的信息不对称，应用市场法的前提是存在一个公开活跃的市场，关键是要找到可比参照物。西方国家市场经济发达，可比数据易得，市场法的运用也更为广泛，而我国尚不具备完善的市场数据，一些交易资料被保存在档案中，获取不易，同时由于法制不够健全和监管力度不足，存在委托方和产权持有者为追求利益，向评估机构提供虚假信息，以达到高估或是低估资产价值的目的的现象；同样的，收益法也需用到大量信息来确定企业未来收益值与现有资产额之间的关系。资产评估师依靠自己的经验和相关信息来开展工作。如果没有活跃的公开市场，并且信息环境不健全和不完善，评估人员就很难收集真实、准确的数据，评估成本和风险加大，势必会影响评估师的价值判断，这就给失信和欺诈提供了可能，缺乏必要信息支持的价值判断也很难得到市场的认可，影响评估质量。因此，一个完善有效的信息环境对提高资产评估质量至关重要。

四、诚信环境

资产评估的诚信环境指的是资产评估过程中参与各方的诚信程度，诚信环境由评估机构及评估人员、资产评估委托方、被评估企业、其他相关人员的诚信状况组成。

资产评估委托方和被评估企业的诚信状况是影响资产评估诚信环境优劣的主要因素，也影响评估结果的质量，委托方和被评估企业应保证所提供的资料合法、真实、完整，积极配合评估人员履行评估程序，不应干扰评估师的独立性；在评估过程中，评估人员必然会与社会相关人员接触，查询获取相关信息，社会各方若提供虚假资料，就会影响到评估人员的职业判断，从而影响评估结果合理性；评估机构及评估人员作为评估活动的主体，职业素养和诚信状况尤为重要，评估人员需要甄别信息真伪，坚守职业道德，不弄虚作假，以保证评估质量[38]。

参考文献

[1] 岳璟俍.博弈论视角下评估主体的行为研究 [D].长沙：湖南大学，2017.

[2] 翟进步.并购双重定价安排、声誉约束与利益输送 [J].管理评论，2018（6）：212-226.

[3] 王建辉，从博弈论的角度看评估机构质量控制 [J].中国资产评估，2003（6）：14-17.

[4] 王哲，赵邦宏，吴杨林，等.我国资产评估信息供求分析 [J].财经理论与实践，2002（4）：116-118.

[5] 李菁菁.如何把控企业资产评估质量 [J].山西财税，2017（10）：49-50.

[6] 周勤业，夏立军，李莫愁.大股东侵害与上市公司资产评估偏差 [J].统计研究，2003（10）：39-44.

[7] 何伟伦.基于财务视角的企业资产评估风险控制 [J].商场现代化，2018（16）：121-122.

[8] 陆德民.上市改组过程中的资产评估：一项实证研究 [J].会计研究，1998（5）：3-5.

［9］沈建明.规范财产清查、核实，提高资产评估质量［J］.时代金融，
　　2016（15）：259-260.

［10］杨小丽，尉京红.评估机构社会责任问题的探讨［J］.会计之友（下
　　旬刊），2008（1）：90-91.

［11］王世娇.资产评估机构规模、声誉与资产评估质量关系的实证研究
　　［D］.保定：河北农业大学，2018：1-58.

［12］李素英，王淑珍，梁建峰.中国资产评估师职业道德缺失影响因素探
　　析［J］.中国农业会计，2008（11）：41-42.

［13］叶将锋.资产评估机构声誉、环境不确定性与资产评估质量［D］.杭
　　州：浙江财经大学，2019：1-73.

［14］马海涛，李小荣，张帆.资产评估机构声誉与公司并购重组定价［J］.
　　中国软科学，2017（5）：101-118.

［15］张婷.企业价值评估报告质量研究［D］.杭州：浙江财经大学，2016：
　　1-66.

［16］张澍.基于内控视角的M资产评估公司评估质量控制研究［D］.重
　　庆：重庆理工大学，2015：1-53.

［17］尉京红.我国资产评估质量问题研究［D］.天津：天津大学，2007：
　　1-183.

［18］廖仕华.对资产评估中有关问题的探讨［J］.中外企业家，2017（19）：
　　244-245.

［19］王田力，朱梦丽.资产评估师执业行为优化研究［J］.中国资产评估，
　　2019（9）：13-20.

［20］HOYT R W，WRIGHT M J，Croft C S. The ethical values of registered valuers in New Zealand［C］. Canterbury：Seventh PRRES Conference，2002：21-23.

［21］HARVARD T. Why do Valuers Get it wrong? A survey of Senior Commercial Valuation Practices［R］. *The Cutting Edge*，1999：1-31.

［22］FERGUSON J. After-sale Evaluations：Appraisals or Justifications［J］. *The Journal of Real EState Research*，1988（1）：19-26.

［23］宋夏云，叶定飞，厉国威.资产评估质量的影响因素研究——基于上市公司关联方交易视角［J］.南昌大学学报（人文社会科学版），2019（3）：75-84.

［24］张志红，冯玉梅.评估判断的认知和影响因素研究——基于对中国资产评估师的问卷调查［J］.财经论丛，2015（1）：78-83.

［25］屠巧平.资产评估质量的模糊评价［J］.贵州财经学院学报，2003（4）：37-39.

［26］孙志惠.女性评估师对资产评估质量的影响研究［D］.大庆：黑龙江八一农垦大学，2019.

［27］张天林.资产评估行业自律监管的新环境与新实践［J］.中国资产评估，2019（1）：22-29.

［28］韩伟.我国资产评估业现状及前景研究［J］.全国流通经济，2018（3）：58-59.

［29］董娟.我国资产评估行业存在的问题和对策［J］.财会学习，2017（9）：205-206.

［30］郭烨霖.我国资产评估行业问题与对策研究［J］.发展，2019（1）：
68-69.

［31］王家新，刘萍，胡帆，等.发挥评估价值发现作用加强文化企业国有
资产管理［J］.中国资产评估，2015（2）：28-32.

［32］胡劲为.以资产评估法实施为契机，推动资产评估行业转型发展［J］.
中国资产评估，2017（12）：10-13.

［33］王楠.我国资产评估质量及评价研究［J］.时代金融，2017（9）：287.

［34］宋夏云，曾丹丹.资产评估质量的控制对策研究［J］.中国资产评估，
2018（8）：36-39.

［35］中国资产评估协会.中国资产评估协会关于印发《"十三五"时期资
产评估行业发展规划》的通知［EB/OL］.（2017-06-19）［2021-04-
15］.https://pilu.tianyancha.com/regulations/ceb68effea5b09a6f71fec6530
ad1417.

［36］谭宏涛.以交易为目的的资产评估结果合理性分析［D］.保定：河北
农业大学，2014.

［37］刘庆.资产评估过程中的锚定效应［D］.济南：山东财经大学，2015.

［38］秦璟.上市公司资产评估结果合理性研究［D］.天津：天津财经大学，
2013.

第五章　非活跃市场下资产评估质量研究

——基于上市公司关联方交易视角

第一节　引言[1]

一、研究背景及意义

（一）研究背景

随着会计准则体系不断发展，公允价值计量得到广泛应用，其公正性和可靠性成为理论界与实务界关注的重要议题。为完善公允价值计量的理论框架，2006 年，美国财务会计准则委员会颁布实施 SFAS 157《公允价值计量》，提出公允价值层次理论；国际会计准则理事会紧随其后，于 2011 年颁布 IFRS 13（《国际财务报告准则第 13 号》），与 SFAS 157 趋同；为规范我国企业公允价值计量，财政部发布《企业会计准则第 39 号——公允价值计量》，于 2014 年 7 月起施行，公允价值层级理论作为其重要构成部分，在符合国情的同时衔接国际，公允价值计量在非活跃市场环境下的应用有了更完善的理论根据[2]。伴随社会经济发展，行业交融，会计与资产评估相互服务，交集与合作机会日益增多，公允价值就像二者之间的桥梁。在此背景之下，为准确、合理地确定公允价值，保证会计信息质量，根据不同价值类型选取评估方法、确定公允价值成为重要问题，资产评估扮演着颇为重要的角色。

据中国资产评估协会披露中国资产评估行业发展报告（2019）：近年以来，我国上市公司资产评估报告披露数量多且有增无已，关联交易评估项目在其中数见不鲜，且多发生在非活跃市场环境下[3]。关联交易这种交易类型具有一定的特殊性，其优势之处在于，节约买卖双方磋商谈判成本，在降低风险的同时，提高资源分配和使用效率，增加企业的市场价值；然而另一方面，交易双方利己动机的存在，逐渐使得关联交易的频繁使用超出了只为满足企业正常发展需求的范围。国内外经济形势变化，给上市公司带来了较大的经营压力，一些上市公司利用与关联方发生交易，进行"盈余管理"，以达到保壳或给财务"洗个大澡"的目的[4]。部分关联方交易偏离初衷，转变为上市公司操纵经营利润、粉饰财务报表、实现盈余管理的手段，这可能导致无法准确地衡量企业价值。

于资产评估行业而言，资产评估质量就是它的生命与血脉，其最直接的目标就是公允价值。为资产或其他经济权益的交易提供值得信赖的价值参考是资产评估的基本职能，但在实践中，关联方交易中，企业潜在盈余管理动机是资产评估质量的重要影响因素，上市公司可能基于减少融资约束以募集资金、避免连亏导致摘牌、微利、避税等动机，影响企业关联交易价值评估结果。活跃的市场是公允价值计量模式的理想应用环境，但绝对活跃的市场在现实实务中相对较少，并不多见，以价值计量为使命的公允价值计量，本就涉及许多的判断与选择，当处于非活跃市场环境下时，更将会面对额外的可预见风险及难以度量的不确定性。在非活跃市场下，在进行价值的估计和计量时会较多地使用到低计量层次的不可观察值，涉及大量主观判断和估计，可能为管理层提供较大的自由裁量权，或给予可乘之机，让上市公司实现利益输送、增加盈余管理的机会。优化和提升市场环境可以在某种程度上挤压公司盈余管理的空间，从而提高资产评估质量。因此，关于非活跃市场环境下的资产评估质量研究更为必要和迫切。除了上市公司关联方之间进行交易的动因外，评估机构的特征也是讨论资产评估质量时需要考虑到的方面，这引起国内外学者重视，成为研究热点。

综上所述，本章通过选取国内 A 股上市公司 2013 年至 2017 年间，从关联方处购入资产时公开发布的估值报告作为原始数据进行研究，以分析净利润预测与实际达成的净利润之间的差异率，研究在关联交易中，具有盈余管理动机和评估机构声誉综合排名与资产评估质量的相关关系，并进一步考虑市场环境的调节作用，即非活跃市场下这样的影响会有怎样的变化。

（二）研究意义

我国社会经济稳中向好、持续发展，资产评估报告公开披露数有增无已，关联交易评估项目数见不鲜，资产评估机构作为第三方中介机构，进一步体现其所提供的价值估计服务的价值，从理论和现实两个层面而言，探讨资产评估质量相关问题都具备一定的积极作用。

学术界以前曾针对涉及诸如 IPO（首次公开募股）、公司并购和重组等项目的资产评估服务展开深入探索，理论成果颇丰。但基于评估结果，探讨资产评估质量、上市公司关联交易中的盈余管理动机、第三方评估机构声誉和市场环境之间关系的研究仍有所空缺。本章围绕研究主题，建立合理的假设并构建相应的模型，对上市公司关联方交易中的资产评估质量及其影响因素展开积极的探索研讨，为丰富关联交易中资产评估质量相关理论成果，进一步提升资产评估结果的合理性和科学性贡献绵薄之力。

上市公司关联方交易的公允性与资产评估结果有着密切关系，在非活跃的市场环境中，各种潜在的不确定因素使资产评估工作的质量保证复杂化。因此，对我国上市公司关联交易中的资产评估质量及其影响因素进行科学分析，并进一步考虑市场环境的作用，不仅能够丰富该方面的理论与研究，而且对非活跃市场下如何保障和提升资产评估质量，促进评估行业良性发展，完善监管体系、企业管理、公允价值体系未来发展具有一定现实意义。

二、研究内容

本章综合整理国内外相关文献纪要，界定研究所涉及的核心概念，罗列理论依据，并在此基础上提出假设 H1 至 H4，研究上市公司关联交易中资产评估质量、企业潜在盈余管理动机、第三方评估机构声誉和市场环境之间的关系，分析在关联交易中，上市公司存在潜在盈余管理动机是否显著降低资产评估质量，第三方评估机构声誉高是否能对资产评估质量产生正向影响，在非活跃市场下，关联交易中潜在盈余管理动机是否对评估质量的负面影响更加显著，而第三方资产评估机构的高声誉在非活跃市场环境中是否仍能为评估质量保驾护航……并在研究结论的基础上，针对多个层面提出合理化建议。

第二节　文献综述

一、关于资产评估质量及其度量的研究

（一）资产评估质量

资产评估行业在西方国家起源较早，在经济发展中起着重要作用。著者通过对国外大量资产评估质量文献的梳理发现，在不同的政治经济制度背景下，国内外学者对资产评估质量及其相关的研究领域有不同的侧重。

关于资产评估质量的研究最初起源于西方学者对其结果准确性的探讨，并产生了丰硕的研究成果。以米林顿、弗伦奇、克罗斯比等人（Crosby, et al）为代表的学者认为，资产评估是评估师基于一定的评估环境，在特定时点通过估值技术对标的资产的价值做出估计所得出的客观结果，并不存在准确与否的问题[5][6][7]。

有的学者则持有不同观点，认为资产评估准确性问题是存在的，且值得探讨。其中，以澳洲的帕克为代表的学者认为，应通过不同资产评估师在同等评估环境下、同一基准日里对同一标的资产评估值的差异，来衡量评估准确性[8]。据海格（Hager）、哈其森、哈弗等学者的调查分析，国外评估业界将在此衡量标准下可接受的差异率的范围称为"错误边际"，普遍

认为应落在 5% 到 15% 这个区间内[9][10][11]。另一方面，以英国瓦尔迪为代表的学者认为，评估值与市场价值的差异更能够体现评估的准确性：估值与市价越接近，说明评估准确性越高[12]。爱德华（Edwards）的研究中，则通过分析 1550 年至 1800 年这 250 年间的各项经济交易价值估计的结果，跨越历史，连接未来，为资产评估行业和会计行业探索明天[13]。罗柏尼可夫认为，评估师不能认为自己能够对价值做出完美估计，评估信息使用者必须结合评估结论，根据自身内部因素、外部环境因素等找到定价的合理区间；虽然资产评估存在固有局限，势必会带来评估结果的偏差，但这并不能成为评估师未恪尽职守的借口，明确传达价值评估信息，是第三方评估机构应尽的责任，因此，深入展开关于资产评估质量的研究，兹事体大[14]。

随着资产评估行业发展，我国学术界也展开不少针对资产评估质量的研究。徐宏宇认为，资产评估质量实际上是评估工作开展过程的质量，因此必须严格把控评估程序[15]。刘桂良的研究认为，资产评估质量是由评估工作展开过程和评估工作最终得出的结果综合而成的，从承接业务的立项管理，到评估工作中估值技术的选用，再到参与资产评估的人员素质，都是考量因素[16]。姜楠、陈亚莉则在认同他们观点的同时，进一步提出，评估过程、结果的质量分别可以类比为生产质量和产品质量，对评估质量的考察还需要考虑到"产品质量"的横向比较，即将其与实际市场成交价格做对比，考察二者间的差异[17][18]。通过对资产评估质量与其准确性的关系进行彻底梳理，林琳的研究认为，在评估活动中，所谓"准确性"并非绝对标准，是通过对比形成的相对特征，正确认识评估准确性对深化研究资产评估质量来说十分重要；同时，评估活动无法规避主观判断，差异必然存在，因此应允许留有合理的波动范围[19]，这与陈明高和高岩的观点类似[20][21]。谭宏涛和尉京红基于宏观经济理论研究了资产评估价值与最终交易价格的相关性，得出评估值与成交价格差异可接受范围为±5%~±15%[22]。许小平和秦璟等学者都认同，评估工作按程序逐步推进，评估的质量是项目过程质量的累加，最终通过评估结果的准确性呈现和考察[23][24]。徐丹丹在研究中，对虚假资产评估报告的界定进行探讨，认为在没有真实工作底稿为支撑、评估结论与同条件下其他评估机构出具的评估报告相去甚远时，资产评估质量有待商榷[25]。

（二）资产评估质量的度量

通过阅读和整理文献发现，目前与资产评估质量主题相关的实证类研究中，对于评估质量的判断与衡量，我国学者主要采用以下三种方式。

第一种，资产评估结果与实际市场交易价格间的差异率。马海涛在研究中介机构声誉与并购重组中评估值与实际成交价格间的相关性时，采用这种方法[26]。

第二种，资产评估增值率。陆德民初度采用资产评估增值率来度量评估质量，以此检验价值评估偏差[27]；周勤业、翟进步等学者在相关主题的实证研究中均采用这种方法[28][29]。

第三种，资产评估基准日后数年内，被评估标的实际净利润与通过估值技术测算的预计盈利值间的差异率。程凤朝、刘旭认为资产评估与交易定价不完全是同一种东西，因此选用新的方法衡量资产评估质量，规避了使用前两种方式来衡量资产评估质量的罅隙[30]。叶将锋、宋夏云和叶定飞的研究中也都采用了这种方法[31][32]。

二、关于关联方交易与资产评估质量的研究

对国内外关联方交易与资产评估质量相关理论和实证研究的搜集与梳理如下。

约翰逊（Johnson）提出，企业的控制人可以采用各种合法和不合法的手段转移企业的资产和利润，以向自己"输送利益"，关联方交易就是实现手段之一[33]。黄霖华和曲晓辉认为，企业能够通过对会计政策、实施关联交易时具有时间性和目的性的客观条件进行机会主义选择，实现效益最大化[34]。严绍兵从评估服务需求方与评估服务供给方两个层面出发，研究认为评估服务需求方施压是导致价值评估结果与市场价值发生非常偏离的重要原因之一，并发现评估目的和交易动机是决定性影响因素[35]。周勤业等学者的实证研究结果显示，在交易中，资产评估结果往往决定关联交易价格，控股股东可能利用这点，与评估机构操纵评估价值，损害相关方利益，使得资产评估质量有所降低[28]。李运锋实证研究的结论是，将标的资产的价值高估，是在上市公司向其大股东购买资产时，可能会影响机构判断以满足自身利益方式之一，低质量评估至此产生；同时，收益法比起同作为三大主要估值技术的市场法和资产基础法，需要更多的主观判断，可能存在更大的操作空间，导致更低的评估质量[36]。王毅的实证检验证明，我国上市公司确实存在将资产评估作为盈余管理手段的情况；具体而言，在交易中，无论资产转移的方向如何，都有助于提高上市公司

净资产收益率[37]。郭化林吸收其研究成果，站在巨人的肩膀上对2009—2011年间上市企业资产评估数据进行深入探索，得出在关联交易中，上市公司利用主观、隐蔽的不正当手段支配、控制资产评估结果的现象时有发生[38]。上市公司资产置换评估项目，是赵善学和程凤朝等学者的主要研究议题，他们认为，当资产增值率变动显著异常时，背后可能存在着"威逼、利诱"等人为因素干扰，当企业大股东试图进行盈余管理，或输送利益时，来自委托方的压力与利益作用于评估机构，评估机构可能面临削弱独立性、出售不公允的评估结论，存在与上市公司同流合污的不合规做法，资产评估的质量因此受到影响[39][40]。周浩的论文中，以60起关联方交易项目的数据为观测样本，经数据分析后证明，信息披露不足为上市公司利用关联方交易的特殊性来操控利润，甚至为谋私利等行为提供了可操作环境，成为舞弊事件的温床[41]。针对盈余管理动机，黄小川的研究认为，当企业面临IPO、上市公司股价维稳、面临亏损时逃避摘牌等交易动机时，关联方交易成为上市公司转嫁风险、迁移问题财产的途径，关联方自我牺牲使上市公司利益最大化，这在上市公司财务报告中将不会全部体现，从而使财务报表得到优化[42]。邹家骏通过多元回归和倾向得分匹配方法研究8年间并购重组股权交易事项，结果显示，并购重组评估增值率受估值技术的选用的影响在统计学意义上显著；当采用收益法进行估值时，往往会过高估计资产价值；而是否构成关联方交易、借壳上市、重大资产重组等交易特征，则与评估增值率异动显著相关[43]。江秀儒以5年间A股及二板市场中，上市公司从第一大股东处进行资产收购的关联交易项目为样本，展开实证研究，认为我国上市公司的财务状况对大股东的操纵意愿有显著影响；业绩承诺协议本是为保障交易质量、防止企业业绩"变脸"的存在，但大股东会利用评估工作，使得资产价值估计并不公允，以期最大化利益，如吸纳资金、解决扭亏为盈的燃眉之急等[44]。邓茜丹和辛清泉对上市公司重大资产重组项目展开研究，其结论显示：若签订了业绩补偿协议，则上市公司选择在考察期内进行商誉减值计提的概率和金额，与期满后相比，均提升显著[45]。

三、关于评估机构特征与资产评估质量的研究

在理论研究方面，杨小丽和尉京红将第三方评估机构特征列入资产评估质量评价指标体系，认为在强有力的内部控制机制与高违纪成本的共同作用下，规模大的评估机构更能保障评估质量[46]。

在实证研究方面，周勤业等学者通过实证分析，得出大机构所出具的评估结果质量更低的结论，并认为这可能是由于当时市场追求低质量评估的不良风气，导致出具低质量评估报告的机构反而占据更大市场份额，成为大型机构[28]。而毛圆圆的看法则与之相对，她的研究显示，规模大的资产评估机构有更专业的团队、更大的业务量，因此通常会更爱惜羽毛，提供质量更稳定的评估服务，不容易为了经济利益等因素放弃职业道德要求，相比之下，小机构提供低质量评估服务的动机会更强[47]，李素英也认同这个观点[48]。杨靖以2006—2008年间108个定向增发中资产认购股份的样本为研究对象，以评估机构内专业评估师及评估从业人员数量、承揽评估业务数量等指标衡量机构声誉，认为机构声誉越高，评估增值率越低[49]。李世雄的实证研究中以不同标准定义声誉，他发现，若当以评估师及评

人员的数量度量机构声誉时，研究结果与前人保持一致，此时的机构声誉与评估增值率呈负相关[50]。翟进步的研究认为，和第三方审计机构类似，"声誉资本"作为一种软实力，也存在于资产评估机构之中，这是综合实力的体现，不容小觑；大规模的评估机构更加重视这种软实力，坚持保持独立性便是它们维护声誉的最佳途径；排名靠前的机构出具评估报告的异常增值率相对会更低[29]。克莱默等学者（Klamer，et al）的研究表明，比起小型评估团队，在实践中，来自高声誉的大评估机构的评估师更能感知评估工作任务的复杂性，面对问题时采取的应对策略也更周全、高效[51]。

周娟认为，来自委托方的利益诱惑与威迫压力是使我国评估机构难以保持独立性的重要元凶之一[52]。耿建新、孙沛霖的研究也表示，存在上市公司将资产评估这一本该独立、客观、严肃的中介活动，当作通关监管的"表面功夫"，串通评估机构，严重违背行业准则，使评估质量可靠性减低的现象[53]。宋夏云等学者对5年间的148份关联交易资产评估报告进行研究，实证结果说明，在我国上市公司关联交易中，评估机构业务收入与资产评估质量二者的相关性在统计学意义上不显著[32]。王世娇的研究对象为2016年经我国证券监督管理委员会审核的上市公司并购重组评估项目，研究数据一共248组，她通过理论与实证的充分结合，明确了评估机构规模与评估质量之间的关系为显著正相关[54]。叶将锋分析我国A股上市公司并购案例，以中评协发布的评估机构排名来考虑声誉，通过多元回归分析得出的结论是：在上市公司并购重组案例中，受聘的评估机构排名越靠前，越能保障评估质量；此外，研究也表明，环境不确定性在二者关系间起到正向调节作用[31]。辛玫瑾以并购项目为基础研究视角，通过非参数检验得出一些有意义的结论：当面对像电力企业并购项目这样复杂性强、专业性高的委托时，综合实力更强劲的评估机构更好上手，更能够得出与企业价值相符的结论[55]。

四、关于非活跃市场环境与资产评估质量的研究

谢诗芬曾提出，活跃的市场是公允价值计量模式的理想应用环境，但绝对活跃的市场在现实实务中相对较少，非活跃市场才是各种计量模式更主要的应用环境[56]。2014 年，我国财政部颁布《企业会计准则第 39 号——公允价值计量》，将公允价值输入值分为三个层次，第一层次为活跃市场上的同类标的市场价值，第二层次为相似标的市场价值；若无法满足前两者的条件，则考虑第三层次，以通过估值模型进行估计为主。吴宗奎的研究认为，市场层次是构建资产评估质量评价体系时必须重点考量的因素，市场有效性会影响评估执业质量[57]。谢德仁针对我国 2006 年新会计准则实施后，对会计信息价值相关性展开研究，经实证分析，我国 2006 年至 2018 年间，上市公司会计信息对其股价的解释能力是在下降的；准则本身的效力、对股价做出估值时所输入的会计信息质量水平并不能很好地对此现象做出有力解释，但资本市场环境、成熟度则可能是影响这一情况的有效解释因素之一[58]。

张程睿认为，在市场机制仍有待完善、市场环境活跃度不够理想时，为了保障经济活动价值评估的质量，维护市场平和稳当的运行，第三方资产评估机构的引入颇有必要，为上市公司关联方提供专业的估值服务，评估机构应在工作过程中力求保持客观独立性[59]。郭化林也提出在上市公司

交易中，基于公允价值的特殊性，它必须由独立的第三方资产评估机构来进行计量[38]。

胡庭清和谢诗芬的研究提出，采用市场法估值的前提是存在一个有可比对象的活跃市场，公允价值计量层次随输入值而降低，因此，在市场环境处于非活跃状态时，收益法是评估专业人员开展评估工作时的首选估值技术，未来现金流量的估计对公允价值的计量至关重要[60]，张国华和曲晓辉也认同这样的观点[61]。盛明泉和李昊提出，在非活跃市场下采用收益法评估时，在市场变幻与资金时间价值等因素共同作用下，未来现金流量难以准确预先估算，使公允价值计量变得更加复杂[62]。黄晓芝的研究表示，资本市场环境影响公允价值信息的相关性和资本市场评估定价效率[63]。许新霞和田原的研究表明，除却第一层次外，估值技术大量运用于第二、第三层次，这为资产评估行业发展提供了大量空间，而当不存在活跃市场时，信息不对称问题相对会更严重，由于主观思维和推想受评估假设影响，难以得到合理的验证是价值估计的短板，资产评估质量受其作用，公允价值可靠性也可能被削弱[64][65]。

同时，德肖（Dechow）、李文耀和许新霞认为，在不健全的市场环境下，金融市场和企业发展因公允价值计量的不确定性和估计性而面临更多难以预测的风险的同时，也增加了企业借机进行盈余管理的动机与空间[66][67]。王守海、吴双双等学者提出，当处于非活跃市场条件下时，构建模型、选用参数、建立假设是公允价值计量不可或缺的步骤，其中含有的自由裁量权使得我国上市公司利用价值估计活动，将其作为一种为实现盈余操纵而采取的具体方法，以期最大化利益[68]。通过《国际资产评估准则》可以认识到，完善市场活跃程度，提升市场有效性，减缓信息不透明所带来的影响，有助于评估从业人员在面对数据需求和假设选择时，带来更具参考性的评估结论[69]。李小荣等人认为，评估工作展开时，当评估人员以企业并购为目的进行价值评估时，若标的企业所在的地区市场环境更活跃，则信息不对称情况可以得到缓解，充足且有效的市场信息能够有效削弱低质量评估的同行传染效应[70]。

五、文献评述

近年来，我国社会飞速更新进步，经济蓬勃繁荣，资产评估行业也随之起飞，资产评估质量问题受到了社会公众的关注，国内外学者从多个角度不同方面对交易特征、资产评估机构及评估师特征、资产评估质量等相关主题展开理论研究与实证分析，已形成丰富的成果。

随着时间的推移，资本市场环境、企业关联交易进行情况、资产评估机构综合特征、资产评估质量的现状在适应时代要求的基础上，均得到不同程度的进步与发展，以往的实证研究成果并不能全盘反映现阶段它们间的相关关系。同时，已有学者对上市公司交易中评估质量影响因素进行研究，也表明当处于非活跃市场环境下时，信息不对称现象的存在，加之主观思维和推想受评估假设的作用，价值计量结果的公允性难以得到验证，可能会削弱资产评估质量与公允价值评估的可靠性。而上市企业关联交易中，市场环境对企业盈余管理动机、评估机构声誉和资产评估质量的相关关系会产生怎样的作用，这一问题没有得到充分解释，有必要对此展开进一步的实证研究，使理论研究更为严谨和深入。为保障评估业务委托方、关联交易利益相关方的权益，保障评估行业公信力，应对资产评估质量展开深入探索。

因此，本书汲取以上研究成果，以 2013 年至 2017 年间沪、深两市 A 股上市公司公开披露的既成关联交易的资产评估报告和评估说明书为原始研究样本，借鉴先前学者研究成果中度量被解释变量资产评估质量的标准，通过实证分析研究上市公司关联交易中，潜在盈余管理动机、第三方评估机构声誉与资产评估质量间的关系；并在前人研究的基础上，将市场环境作为调节变量，分析市场环境对关联交易动机、评估机构综合声誉和资产评估质量的调节效应，通过新的研究视角来探讨我国资产评估质量的影响因素，希望通过实证研究得出有用的结论，并为我国行业现实需求提供合理化参考建议。

第三节 理论基础与研究假设

一、相关概念

（一）资产评估质量

1. 质量的概念

随社会经济发展，人们对质量这一概念的认识也逐步发展与深化，ISO8402：1994《质量管理和质量保证的术语》对质量的定义是："通过某种方式，反映满足显性或隐性需求的能力的一般特征。"质量是一个综合概念，它所追求的是一种服务供给方提供的服务，与服务需求方的需求间拟合度最佳、最适当的状态。

因此，衡量资产评估质量应该指的是将评估机构（供给方）提供出的资产评估报告（产品）让评估信息需求者（客户）满意的实际程度，与客户期望满意程度进行一个对比，二者越接近说明资产评估质量越高。

2. 资产评估质量的界定

目前，我国学者主要采用三种方式度量评估质量，见本章第二节。本书借鉴第三种做法，即资产评估基准日后数年内，被评估标的实际实现的净利润与收益法评估下的预测盈利值的差异率。使用关联交易实现后 3 年内，被评估资产的预测盈利与实际盈利情况间的差异来衡量资产评估质量，为了便于将这二者进行比较，本书选取的关联交易样本均为上市公司置入资产案例。

（二）资产评估机构声誉

声誉相关理论主要包括三个方面：信号检测论，该理论认为声誉能够有助于市场参与者在环境不确定的情况下做出可靠决定；重复博弈论，一项合作的完成往往需要经历重复多次的博弈行为，声誉便诞生于反复的博弈之间，随博弈回合的增加，双方对手间会逐步养成一种"共识"，这便是"预判"——赛局中对于对手动作的一种估计；履约功能论则提出，声誉是市场参与者履行协议、兑现诺言的能力的充分体现。

资产评估机构作为一类独立的第三方中介机构，机构声誉是最能展现评估机构综合实力的指标，良好的声誉有助于机构的长期发展，目前学术界尚未对评估机构声誉做出完整而唯一的权威定义，本书究将参照马海涛、翟进步等学者的做法，利用中评协每年披露的年度评估机构综合排名，作为该项指标的衡量方式[26][29]。

（三）市场环境

1998 年，国际会计准则委员会在 IAS36《资产减值》中，基于交易过程视角定义"活跃市场"，要求以下条件缺一不可，必须同时被满足：其一，标的具有可比性且有得比较；其二，卖方、买方皆为自愿交易，且随时都可以进行公平交易；其三，市场交易价格是公开的。满足的条件越少，则认为市场环境越不活跃。

SFAS157《公允价值计量》和IFRS13《公允价值计量》中则就交易过程与交易结果两个方面对"活跃市场"进行定义，认为"活跃市场"应该同时满足以下八个条件：①交易是可延续的，计量日市场环境不会发生显著变化；②市场交易成交量巨大；③参与交易的资产或者负债均能自由进入资本市场；④市场交易频次高；⑤标的具有可比性；⑥市场上每笔交易的进行与完成都秉持着公开、公平、自愿的原则；⑦交易参与者均掌握平等的信息；⑧每一笔交易的报价也都遵从公开、公允的原则。这比国际会计准则委员会的定义更为严格，八个条件缺一不可。

公允价值计量的理想应用环境是活跃市场环境，然而现实中绝对活跃的市场比较少见，非活跃市场环境才是更大的应用舞台。活跃与非活跃市场环境之间，最大的差异在于，持续供应交易定价信息的能力。在不满足活跃市场环境的判定条件时，对于价值计量而言，关注重点应放在交易价格的公允性，即是否能够合理体现公允价值。实际上，市场环境是复杂且不断变化的，清晰的界线至今仍没有明确出现在活跃的市场环境与不活跃的市场环境之间，目前也尚未对非活跃市场形成统一的定义，因而人们只能用排除法或试错法，从不满足活跃市场条件的市场环境中利用反向逻辑推演出非活跃市场环境的范畴。

（四）关联方交易与盈余管理

上市企业与其处于控制、共同控制或有重大影响关系的关联方间，发生资源、劳务或义务转移的行为，称为关联方交易，而不论是否收取价款[71]。周浩提出，信息披露的不充分为上市公司利用关联方交易的特殊性来进行盈余管理提供空间，成为舞弊事件的温床[41]。

盈余管理是学术界研究聚焦的重要主题之一，国内外研究者对其进行了多方面的解析。施博尔（Schipper）的观点是，盈余管理是指特定人员出于利己动机，干预财务报告披露的过程，使自身效益最大化的行为[72]。西方学者希利（Healy）和瓦伦（Wahlen）二人的学术研究认为，企业管理层通过虚构交易、运用会计中涉及主观判断事项的自由裁量权来刻意地掩盖或美化财报信息中显示出的短板与纰漏，从而使相关信息使用者和利害关系人对上市公司经营效益的判断与实际情况发生偏离的行为称为"盈余管理"[73]。标准琼斯模型是采用实证法衡量盈余质量指标时，应用最为广泛的自由裁量模型[74]；为进一步考虑到销售量与应收款项的匹配，德肖（Dechow）和斯隆（Sloan）等学者对标准琼斯模型进行修正，以减少销售过程中确认收入时自由裁量权所带来的误差[75]。

在市场经济条件下，关联方交易既有好的一面，又有不好的一面。一方面，基于合法正当途径下的关联方交易，便于整合集团的资源，能够帮助企业节省商业交易成本，降低交易费用，提高交易效率；另一方面，也存在部分企业打着关联交易旗号谋取利益的情况，其核心问题是关联交易资产定价是否公允合理。由于双方关系的特殊性，当交易发生在上市公司与其关联方之间时，上市公司可以借此使关联方更容易接受不公平或价格非公允的交易条款，通过协定价格与市场价格存在的差异，借此实现盈余管理，使效益最大化。

二、理论基础

（一）信息不对称理论

在资本市场中，信息不对称现象的存在客观且普遍，是市场环境研究的永恒议题之一，该现象若情况严重，将降低资源配置效率，最终可能导致市场失灵。

美国著名经济学家阿克洛夫（Akerlof）[76]在 20 世纪 70 年代提出，信息不对称现象，指的是市场活动参与者获取、使用有效信息的能力不同。掌握更多有效信息的市场参与者时常会在市场博弈中赢得先机，与之相对的是，有效信息缺乏者则会在博弈中处于下风。交易发生事前的信息不对称将导致逆向选择问题出现，信息优势方出于利己动机，可能将有用的重要信息隐瞒，从而直接或间接引导、预判对方的决策；交易达成后的信息不对称现象则被称为道德风险，这意味着市场参与者中的一方在损害另一方利益的同时最大化自己的利益。

企业经营绩效目标、管理者利己动机的存在，使管理者有意向和需求进行机会主义选择，这可以通过资本市场非活跃状态时的信息不对称现象来实现，披露信息的可靠性也会因此而受到影响，最终波及市场运作效率。

（二）委托－代理理论

伯力和巴博（Berle & Babeau）提出，公司制诞生于在世界经济发展长河中，当公司规模大小达到了一定的标准后，股权集中度下降，股东无法直接决策公司经营，公司管理者切实掌握控制权，所有权和实际控制权逐渐分离，委托－代理关系诞生于此[77]。詹森和麦克林（Jensen & Meckling）

在研究中，是这样界说委托－代理关系的：委托人和代理人缔约，由此对双方之间的权利进行确认，对二者间的义务进行约束，前者履行支付雇佣条款的义务，而后者履行约定的特定义务[78]。

委托－代理理论假设委托人和代理人都是理性且自利的，在经营活动中都会做出利己行为，不同的目标不可避免地导致两者间的冲突。在委托－代理关系中，信息不对称问题也是致使委托人无法对代理人进行完美的有效监督的要素，基于二者间存在不同的目标，企业实际管理者作为代理人，掌握着更多有效信息，因此可以做出机会主义选择，达成自己的目标而非实现企业利益。因此，代理人的受利己动机支配而实施的活动和部署的战略，就可能会因与委托人的目标出现偏差而离开确定的轨道，最终产生严重的代理冲突。

（三）博弈理论

博弈论，又被称为赛局理论。在赛局中，参与者的意图与利益选择各不相同，故他们必须考虑其他"玩家"行动的各种可能选择，并尝试选择最有利可图或最合理的策略来促使自身目标得以实现[79]。

从经济学角度来看，客户（评估信息需求者）和第三方评估中介机构、监管部门三者之间形成博弈关系，三者在资产评估过程中所密切注意的侧重点不同，期望目的也不同，动机、机会、环境、手段等因素共同对博弈结果产生作用，而市场博弈的结果在一定程度上影响资产评估的质量。

（四）供求理论

供求理论是行为经济学的基本理论之一，它演变产生于供需关系，国内外许多学者都将此作为深入研究的对象。

在经济学中，狭义供求理论是阐明商品数量和均衡价格与供求关系间相关性的系统认知；而广义上的供求理论超越经济学领域的特定含义，则体现的是一种供需关系：供给和需求如同一枚硬币的正反面，事物的发展方向和结果是由经过供给和需求二者博弈所得到的均衡结果来决定的[80]。

在上市公司关联交易资产评估活动中，企业与资产评估机构之间存在供求关系，上市公司是资产评估活动中的需求方，负责提供相关信息，支付一定的费用，雇佣第三方评估机构对拟交易资产进行专业估值；评估机构则是服务供给方，主要负责根据相关信息对待估资产的价值做出专业判断，出具评估报告，收取既定费用。

通过前文对国内外文献梳理可以推测出，在关联交易中，上市公司所具有的潜在盈余管理动机、第三方资产评估机构的声誉、市场环境等都会对资产评估质量产生影响。接下来，本书将结合上述理论，进一步分析这些因素对资产评估质量可能存在的具体影响，探寻彼此之间的关系，从而推出研究假设，并量化主要影响因素，以实证检验假设是否成立。

三、理论分析与研究假设

（一）关联交易盈余管理动机与资产评估质量

在社会日新月异，我国经济活动快速发展的背景下，关联方交易在上市公司交易中同时存在两种互相矛盾的性质。一方面，合法合规的正当关联方交易是上市公司进行盈余管理的重要手段之一；但另一方面，任何准则与制度都不可能是完美的，由于关联方交易所具有的多样性和隐蔽性等特征，上市公司可能存在规避约束，为谋求发展，追逐利益，打着关联方交易的旗号来实现利益输送、剥离不良资产、增加企业经营现金流入、粉饰业绩、募集资金等目的，交易动机不正当是导致上市公司发生非公允关联方交易的重要因素之一。

黄霖华和曲晓辉等学者的研究表示，企业能够通过对会计政策、实施关联交易时具有时间性和目的性的客观条件进行机会主义选择，实现效益最大化[34]。实现非公允的关联方交易的途径主要包括剥离不良资产、置入优质资产等，王毅通过实证验证了无论置入还是售出资产，结果都能优化上市公司相关财务数据，资产评估确实被上市公司作为实现盈余管理的途径，因此可以说，这二者的共通点在于，都可能通过影响资产评估结果，依靠并不真实可靠的资产评估报告来实现其关联交易目的。严绍兵从评估服务需求方与评估服务供给方两个层面出发，研究认为评估服务需求方施压是导致价值评估结果与市场价值发生非常偏离的重要原因之一，并发现企业进行资产评估所依托的交易目的和动机是影响资产评估质量的关键因素[35]；郭化林的研究结果也表明，在关联交易中，上市公司存在操纵资产评估结果的情况。也就是说，在关联交易中，上市公司存在因具备潜在关联交易动机而操纵资产评估结果以达到盈余管理目的，因而影响资产评估质量的可能[38]。

综上所述，在此提出以下假设：

H1：在关联交易中，上市公司存在盈余管理动机与评估质量呈负相关现象。

赵善学和程凤朝等学者的研究结果表示，盈余管理是影响上市公司资产置换项目价值评估结果的主要动机来源[39][40]。对此，我们进行进一步研究，在关联交易中，企业具有何种动机会促使他们对资产评估质量进行影响，以及将会产生怎样的影响。

有研究表明，上市公司通过关联方交易，实现盈余管理的不良动因主要包括以下几点。

首先，上市公司为了实现绩效目标或弥补往年亏损，除虚构商品交易收入外，还可能利用关联方交易的复杂性，去除表现不佳的资产，将不良资产剔除、剥离、转移，或注入优质资产，实现利润调整，使财务报表看上去表现良好，以提高上市公司在资本市场中筹集资金的能力。我国的公司在国内资本市场的融资渠道主要包括 IPO、配股、增发。此时企业已上市成功，因此，上市公司的公开募集资金的主要渠道为配股增发，企业想要获得融资就必须好好把握机会。根据资本市场发展进程，融资管理办法多次发生变更，但净资产收益率一直都被我国证券监督管理委员会官方作为考察配股增发条件的主要财务指标之一。2006 年，我国证监会出台规定，以最近 3 个会计年度加权平均净资产收益率不低于 6% 为企业增发基础条件[81]，为达到这一要求，上市公司存在进行配股再融资以筹措更多资金的动机，可能会干涉评估过程，操纵评估结果，影响评估质量。

其次，在我国，根据上交所 2018 年和深交所 2020 年修订的股票上市规则[82][83]与《中华人民共和国公司法》[84]中的规定，如果上市公司连续 2 年盈利为负，将会收到退市的风险示警；持续亏损 3 年的，则可能面临暂停上市的困境，这两种情况都可能会对上市公司的股价和后续融资产生巨大的消极影响。陆建桥提出，上市公司面临亏损时，会采取种种盈余管理手段来最大化效益[85]。蒋大富和关月琴等人的研究也表明，当业绩遭受损失时，上市公司会具备更加强烈的盈余管理动机，关联方交易往往被亏损上市公司当作扭转盈亏的"法宝"，关联交易和盈余管理程度呈正相关[86][87]。黄小川分析指出，关联方交易成为上市公司转嫁风险、迁移问题财产的途径，关联方自我牺牲使上市公司利益最大化，这在上市公司财务报告中将不会全部体现，从而使财务报表得到优化[42]。因此，连续亏损的上市公司可能具有较强的影响评估结果为保留上市资格的动机，期望通过关联方交易的方式进行盈余管理，逆转困境，扭亏为盈，避免被摘牌，从而可能影响资产评估质量。

最后，德乔治（Degeorge）和伯格斯特勒（Burgstahler）等学者以净资产收益率为基础，通过实证分析，发现净资产收益率介于[-1%，1%]之间、徘徊于盈利与亏损边缘的企业是最希望能够实现利润增长的，这类公司的实际盈利能力往往相对较弱，抗风险能力也不强，市场环境或国家政策略有改变都可能使他们陷入危机[88][89]。因此，微利企业为保持盈利，可能会在关联方交易中干涉评估过程，操纵评估结果，影响评估质量。

综合考虑以上因素，本书认为具有募集资金、面临亏损时扭亏为盈以保市、经营微利保持盈利这三类关联交易动机的上市公司，更具备在关联交易操纵评估结果以达成目的的可能，从而影响评估质量。因此，本书进一步就关联交易潜在动机对资产评估质量的影响提出以下假设：

H1a：在关联交易中，上市公司潜在募集资金动机与资产评估质量负相关。

H1b：在关联交易中，上市公司潜在微利动机与资产评估质量负相关。

H1c：在关联交易中，上市公司潜在连续亏损动机与资产评估质量负相关。

（二）评估机构声誉与资产评估质量

作为独立的第三方中介机构，评估机构的声誉是展露评估机构整体实力的最佳指标。自2011年起，我国资产评估协会根据多项能够反映资产评估机构执业情况的相关指标计算综合得分，披露资产评估机构综合评价百强名单，作为我国第三方评估行业中各机构声誉的参考。目前，学术界相关研究成果显示，综合排名靠前或靠后、声誉高或低的不同审计事务所往往会对审计质量产生不同影响。资产评估机构与审计机构类似，都是兼具独立性和客观性的第三方专业中介机构，参与资本市场，维护会计信息质量。周勤业的实证研究结果显示，在交易中，资产评估结果往往决定关联交易价格，控股股东可能利用这点，与评估机构串通，操纵评估价值，损害相关方利益，降低资产评估质量[28]。因此，本书将围绕第三方资产评估机构综合声誉对评估质量的影响展开探讨。每年年初，我国资产评估协会将审核上一年度评估机构综合评价得分，并公布评估机构综合排名百强名单，该排名权威性强，备受业内重视和认同，因此本书以此界定资产评估机构声誉的高低，认为综合排名越靠前，机构声誉越高。

本书根据前文基础理论，来分析资产评估机构综合声誉与资产评估质量的关系。

首先，综合排名靠前的高声誉资产评估机构具备更扎实的财务基础，拥有更大的客户群体和更高的业务收入。翟进步的研究认为，当机构规模做大时，会更乐意于维护机构信誉这种"软实力"，坚持保持独立性便是它们维护声誉的最佳途径之一[29]。在市场竞争博弈中，相比起综合实力弱、生存压力大的小评估机构，声誉优良的资产评估机构更不容易出现为求承揽业务而妥协于委托方需求的投机行为，更能在工作中保持独立性；同时，维持高声誉与提供高服务质量形成良性循环。

其次，综合排名靠前的高声誉评估机构有着充足的资源，往往会吸引到更多优秀的人才，能够保障组建职业水平高、职业道德强、服务质量好、具有丰富执业经验和学习能力的专业团队。这样的团队队伍比较稳定，更广的业务面也可以让团队成员迅速成长。克莱默等学者的研究表明，比起小型评估团队，在实践中，来自高声誉的大评估机构的评估师更能感知评估工作任务的复杂性，面对问题时采取的应对策略也更周全、高效[51]。在资产评估过程中，往往触及大量的职业判断，在综合排名靠前的高声誉评估机构中，执业人员所拥有的综合专业素养与充裕富厚的业务经验，可以帮助他们在面对需要主观判断的复杂情境时保持独立性，做出更好、更正确的选择，从而保障评估质量。

最后，综合排名靠前的高声誉评估机构往往会有更高关注度，社会和公众会以更高的标准来要求它们；与之相应的是，高声誉评估机构也会承担更多的社会责任。杨小丽和尉京红指出，一般而言，大规模的资产评估机构发生违规行为以后，会面临更高的经济损失[46]。也就是说，一旦违背相关规定，高声誉资产评估机构所付出的违规成本可能会比小机构更大。因此，它们可能会倾向于保证高质量评估以发挥表率作用，在进行评估工作时更加严谨慎重。

综上所述，在此提出以下假设：

H2：在上市公司关联交易评估项目中，第三方评估机构的综合声誉与资产评估质量正相关。

（三）市场环境、盈余管理动机与资产评估质量

于资产评估行业而言，资产评估质量就是它的命脉，其最直接的目标就是公允价值。根据前文分析，市场环境处于非活跃的状态时，资产和负债的价值只能通过使用估值技术来进行衡量，公允价值通常是通过对未来现金流量折现后获得的现值进行预测来估计的。当市场环境活跃时，信息充分，参数易得，更容易合理估计资产或负债的未来现金流量并确定其现值；但是当市场环境处于非活跃的状态时，由于信息披露不完全，估价参数的性质和资产评估技术又具有复杂性，此时资产价值评估更依赖于模型建立、假设提出与相关参数选用等多方面作用，因此，未来的现金流量的确难度升高。可见，在非活跃市场环境下公允价值估计的取得，存在着诸多不确定性因素，此时的价值估计的公允性很可能会受到人为因素的影响。

吴宗奎的研究认为，市场层次是构建资产评估质量评价体系时必须重点考量的因素，市场有效性会在一定程度上影响评估执业质量，健全市场环境有助于评估从业人员在面对数据需求和假设选择时，带来更具参考性的评估结论[57]。胡庭清和谢诗芬指出，采用市场法进行估值的前提是存在活跃市场，具有可比对象，在无法获取活跃市场价格的非活跃市场价值评估中，往往以收益法为主要估值技术[60]。非活跃市场下资产估值技术的运用为资产评估行业发展提供了大量空间。许新霞和田原的研究表明，当市场活跃程度不足时，信息不对称问题相对会更严重，由于主观思维和推想受评估假设影响，难以得到合理的验证是价值估计的短板，资产评估质量受其作用，公允价值可靠性也可能受到削弱[64][65]。同时，德肖、李文耀和许新霞认为，不健全的国内市场环境中，采用公允价值计量模式时需

要降低层次使用，此时的价值计量会面临更多难以预测的风险，同时也增加了企业借机进行盈余管理的动机，并为此打开了较为隐蔽的通道[66][67]；王守海、吴双双等学者提出，由于在非活跃市场条件下，构建模型、选用参数、建立假设是公允价值计量不可或缺的步骤，其中含有的自由裁量权使得我国上市公司利用价值估计活动，将其作为一种盈余操纵的新手段以期最大化利益[68]。

因此，著者推测，在市场环境不活跃时，关联交易资产评估事项中，由于信息披露不完全、评估模型的建立、估价参数的性质和资产评估技术具有复杂性，本就涉及诸多判断与选择的资产价值计量工作，在此时更将会面对额外的可预见风险及难以度量的不确定性，如何保持独立性也成为机构需要重点关注的事项。而资产价值估计作为我国上市公司盈余操纵的新手段之一，具有一定的隐蔽性与主观性。因此，上市公司关联交易资产评估中，市场环境对于关联交易存在潜在盈余管理动机对资产评估质量的影响具有调节效应。

综上所述，在此提出如下假设：

H3：非活跃市场下，关联交易中上市公司潜在盈余管理动机对评估质量的影响更加显著。

（四）市场环境、评估机构声誉与资产评估质量

首先，张志红和赵晖的研究表明，将大量信息聚集、筛选、转化、输出的完整程序，即为资产评估工作需要完成的任务；评估师筛出有效讯息，对标的进行专业的估值判断时，市场参考数据充分程度与评估结果的公允

性往往正向相关[90]。当处于非活跃市场环境时，信息充分程度和有效性都低于活跃市场环境，评估人员可以获得的有效信息较少，评估成本和风险升级，这对评估师及评估人员来说是更大的考验。此时，在非活跃的市场环境下，综合排名靠前的高声誉资产评估机构可能能够更好地利用其能力和优势，这类机构承接过的业务数量庞大，信息接触面更广，在执业经验上更胜一筹，专业的团队在面临实际问题时能更好地处理和应对，可能会有利于保障资产评估质量。

因此，著者推测，当市场环境不活跃时，资产评估机构无法从现有环境中获得足够且可靠的可参照信息，可以从过往历史信息中提取的有效信息也有限。资产评估从业人员只能从经验出发，运用自己的专业技能和实践阅历来分析标的未来盈利能力，并得出更公允的结论。相比起声誉排名靠后的评估机构，口碑更好的资产评估机构及其团队可以从更大的业务量中汲取更丰富的经验，培养更高的专业素养，具备更高的职业道德水平，抵抗风险和外部因素干扰的能力也更强大；能够提供更优秀、专业的服务，更有利于保障高质量资产评估工作顺利展开。

其次，当处于非活跃市场环境时，更有助于提升高声誉资产评估机构的执业谨慎性。此时的评估活动将面临的可预见风险与难以度量的不确定性相对较高，综合排名位列前茅的资产评估机构往往更珍视名誉，谨慎行事，对未来盈利的预测更加贴合实际，从而仍能保护评估工作顺利展开、正常进行，为资产评估质量保驾护航。

因此，著者推测，在市场环境非活跃时，信息充分程度和有效性都低于活跃市场环境，关联交易资产评估项目里，激烈的市场竞争博弈中，高信誉的资产评估机构斟酌保持良好的声誉所带来的优势、声誉降低所需付出的代价和违规成本，因而在评估工作开展过程中会更加精心留意，保持客观独立，评估活动中盈利预测的准确性则更加能够得以保障。

　　基于以上分析，在此提出以下假设：

　　H4：非活跃市场下，高声誉的资产评估仍然能够与资产评估质量呈正相关。

第四节 研究设计

一、数据来源与样本选择

本书选取国内 A 股上市公司 2013 年至 2017 年间，从关联方处购入资产时公开发布的估值报告作为原始数据进行研究，以分析评估基准日后 3 年内，净利润预测与实际达成的净利润之间的差异。首先通过东方财富公司出品的 Choice 金融终端、上交所（SSE）和深交所（SZSE）官网、资产评估数据库等收集上市公司公开披露的关联交易报告书、资产评估说明书、进行关联交易上市企业的年报；再从国泰安数据库（CSMAR）中下载样本公司相关财务信息，手工收集各主要变量，并对数据进行筛选和预处理。

（1）将关键财务数据缺失的样本公司剔除；

（2）将资产评估报告中未披露未来年度盈利预测数据的样本公司剔除；

（3）将未披露交易完成后经审计的实际盈利数据的样本公司剔除；

（4）将交易中止、交易终止的样本剔除；

（5）将上市中金融类样本公司剔除。

在本书中，先将收集数据罗列在 Excel 中，对样本数据进行简单筛选与合并处理，再使用 Stata12.0 软件中的 winsorize 函数处理极端值，对连续变量进行上下 1% 水平上的缩尾处理，最后对最终得到的 259 个样本观测值进行进一步处理和分析。

二、变量定义

（一）被解释变量

国内外学者们对资产评估质量的研究主要集中于：比较资产评估结果与市场交易价格之间差异[26]；对比不同评估机构在相同条件下对同一对象进行评估时的结果差异[8][10]；通过测算估值增值率来量化评估质量[27]；观测在评估工作完成后的几年内，实际实现的净利润与采用收入法作为最终评估法时的未来净利润预测值之间的偏差程度，以此来探讨评估质量的高低[30][31][32]。

本书采用第三种方法来度量被解释变量——资产评估质量，认为被评估资产的内在价值应为该资产产生的未来收益的现值，即预计盈利额，资产评估的质量是由评估报告中收益法下交易完成后净利润预测值与交易完成后经审计的实际盈利数据之间的偏离度来定义的，偏离度的大小代表了评估质量的高低，具体公式为

$$|Q_{ij}| = |(\sum Forep_{ij} - Actp_{ij})| / |\sum Forep_{ij}|$$

其中：$|Q_{ij}|$ 代表第 i 家公司在资产评估日后第 j 年，评估机构对某项资产进行评估的质量；$|Forep_{ij}|$ 代表第 i 家公司在资产评估日后第 j 年的盈利预测额；$|Actp_{ij}|$ 代表第 i 家公司在资产评估日后第 j 年的实际盈利额。

在评估过程中，采用估值技术评估测算出的预测业绩，无论是被高估或者低估，都说明预测是存在偏差的，通过偏差的大小来度量评估质量，

若该偏差越小，则认为有着更高的资产评估质量。因此，本书采用预测业绩与实际业绩的差额除以预测业绩的绝对值，来计算预测值与实际值的偏离度。在此基础上，$|Q_{ij}|$ 的值越大，说明预测盈利值与标的资产实际盈利值的偏差大，认为评估质量低；反之，$|Q_{ij}|$ 的值越接近于 0，则说明预测盈利值与实际盈利值的偏差小，认为评估质量较高。

（二）解释变量

1. 募集资金（Refinancing）

我国的公司在国内资本市场的融资渠道主要包括 IPO（首次公开募股）、配股、增发，而上市公司均已完成首次公开募股目标，因此，配股增发成为上市公司的公开募集资金的唯一手段。尽管上市公司进行配股再融资的条件发生了数次变化，但净资产收益率一直都被中国证监会作为考察配股增发条件的主要财务指标之一。上市公司存在进行配股再融资以筹措更多资金的动机，可能会干涉评估过程，操纵评估结果，影响评估质量。本书将关联交易发生前连续两年净资产收益率大于 6% 的上市公司设为具有募集资金动机的企业，因此，净资产收益率连续两年均大于 6% 时赋值为 1，否则取 0。

2. 微利（Meager Profit）

本书选用基于净资产收益率的方法界定微利企业，因为净资产收益率是整个财务指标体系中的核心指标，可以最好地反映公司的实际运营绩效，其用作定义微利上市公司的指标更为合理。这类在亏损边缘徘徊的公司的实际盈利能力往往相对较弱，抗风险能力也不强，市场环境或国家政策略有改变都可能使他们走向亏损。因此，微利企业为保持盈利，可能会干涉评估过程，操纵评估结果，影响评估质量。本书参照德德乔治和伯格斯特勒的研究[88][89]，以净资产收益率为基础，将净资产收益率处于[-1%, 1%]区间内的企业，界定为具备会试图通过影响关联交易评估而实现扭亏为盈等盈余管理目标的企业，处于这一范围的赋值为1，否则取0。

3. 连续亏损（Deficit）

根据上交所2018年和深交所2020年修订的股票上市规则[82][83]中的规定，在我国，如果上市公司连续2年盈利为负，将收到退市风险警告；3年连亏，则可能面临退市危机。这两种情况都应该是企业所不希望见到的，因为这都可能造成上市公司股价下滑、融资渠道受阻等消极后果，因此，亏损上市公司可能具有较强的影响评估结果为保留上市资格的动机，从而影响评估质量。本书将关联交易实施前净资产收益率小于0%的上市公司界定为具有潜在保市动机的企业，净资产收益率小于0%的赋值为1，否则取0。

4. 评估机构声誉（Rep）

通过对国内外相关学术文献的系统化归纳，可以发现：前人研究中多以评估机构规模、评估机构年业务收入等数据作为考察资产评估声誉特征的指标。但考虑到声誉内涵的复杂性，仅用单一指标或许不够周详。

表 5-1　2013—2017 年资产评估机构综合排名

序号	2013 年	2014 年	2015 年	2016 年	2017 年
1	中联	中联	中联	中联	中联
2	北京中企华	北京中企华	北京中企华	北京中企华	北京中企华
3	天健兴业	天健兴业	天健兴业	天健兴业	天健兴业
4	中和	中和	中和	银信	银信
5	银信	银信	银信	中和	北方亚事
6	上海东洲	上海东洲	上海东洲	北方亚事	中同华
7	中同华	中同华	中同华	上海东洲	中和
8	坤元	上海立信	北方亚事	中同华	上海东洲
9	中通诚	中通诚	上海立信	上海立信	上海立信
10	上海立信	坤元	中通诚	中通诚	中通诚

数据来源：根据中国资产评估协会官方网站公布的年度综合排名手工整理而得。

从 2011 年起，中国资产评估协会对多项能够反映资产评估机构执业情况的相关指标按不同的权重计算，再减掉扣分项，得出一个综合得分，按照得分情况评价上一年度评估机构综合表现，最终在中评协官网公示评估机构综合评价百强名单。综合评价相关指标主要包括：机构年业务收入、评估师人数及人均年收入、执业年限、继续教育、执业质量和行业贡献；扣分项主要体现在行政处罚和自律惩戒两个方面，如警告、罚款、公开谴责、限期整改、行业内通报批评等。表 5-1 为 2013 年至 2017 年中国资产评估机构百强排名榜中前位机构的名单，从中可以看出历年来名列前 10 的机构波动不大，呈现强者恒强的特点。该指标权威性强，备受业内重视和认同。因此，本书参考马海涛[26]、翟进步[29]、叶将锋[31]的研究，设置虚拟变量，评估机构综合排名前 10 的认为声誉好，赋值为 1，否则取 0。

（三）调节变量

有关调节变量的定义参照温忠麟等学者的论文[91]：如果在一个变量与另一个变量间的关系中，从方向和强度两个方面来看都受到第三个变量的影响，则该变量被称为"调节变量"，而通过上述分析可以判断"是否处于非活跃市场下进行评估"符合调节变量的定义。针对实行资产评估时，市场活跃程度的差异，在市场环境不活跃时，关联交易资产评估事项中，信息不对称、估价参数的性质和资产评估技术的复杂性等因素的存在，加大了资产评估风险与不确定性，此时或许给予了上市公司进行盈余管理的可乘之机，而高信誉的资产评估机构或许会出于对现有声誉的珍视，在执业过程中愈发审慎。因此，本书将市场环境作为调节变量，探讨在上市公司关联交易中，关联交易内在动机与所聘请资产评估机构的声誉对资产评估质量的影响中的调节作用。

存在一个活跃且透明的交易市场，具有比较充分的市场数据和可比的交易案例，是估值技术中运用市场法的先决条件[92]。实际上，市场环境是复杂且不断变化的。清晰的界线至今仍没有明确出现在活跃的市场环境与不活跃的市场环境之间，目前也尚未对非活跃市场形成统一的定义，因而只能用排除法或试错法，从不满足活跃市场条件的市场环境中以反向逻辑推演出非活跃市场环境的范畴。因此，在本书中采用反向排除法对市场环境进行判断，若评估说明书、上市公司关联交易资产评估报告中披露不采用市场法，并说明因为我国目前产权交易市场化程度不高，交易相关信息获取途径有限，难以收集充分的相关可比资料而不采用市场法进行企业价值估算，则认为是处于非活跃市场下进行评估（Inactive），此时赋值为1，否则取0。

（四）控制变量

1. 第一大股东持股比例（TOP 1）

指上市公司股份最多的股东所持股份数与上市公司股份总数之比，本书取关联交易发生当年，第一大股东持股比例为原始数据。通常，在上市公司的治理过程中，最大的股东拥有最大的控制权。但是，推动股东在公司管理活动中做出决定战略或策略的动因往往会受持股比例的影响，不同水平的代理问题也随之而来。是以，本书将此项作为控制变量。

2. 两权分离度（SEP）

指上市公司的控制权和所有权之间的差异，差异越大，两个权利之间的分离程度就越大。

3. 关联交易价格（Price）

指上市公司关联交易中，置入资产最终的实际成交价格。为消除量纲的影响，取自然对数。

4. 上市公司成长性（Growth）

指上市公司经营发展能力。使用估值技术评估资产价值时，资产评估师须根据标的先前运营条件，以及内部和外部环境，预测交易完成以后年度的经营效益。因此，在探讨资产评估质量时也会考虑到企业成长性指标。为衡量上市公司运营发展能力，本书选取主营业务利润增长率为判定依据。

5. 上市公司规模（Asset）

上市公司规模越大，往往财务制度、监事会制度、内部控制制度等更健全，比较稳定的经营状况加上合适的战略管理策略，利润波动相对较小，进行通过盈余管理利润操纵的动机和空间相对更小。本书引入上市公司规模这一控制变量，以消除在上市公司关联交易中，公司规模因素对盈余管理动机的影响。本书将其定义为关联交易发生年末上市公司总资产规模，取自然对数。

6. 资产负债率（LEV）

债务比率直接反映了公司的资本结构，指标值越高，表明该业务面临更高的财务风险，与之相伴的是对企业资本成本（Capital Cost）的影响，随之影响评估师在预测未来收益时对折现率（Discount Rate）的判断，进而影响债务价值和股权价值。因此，本书控制了资产负债率。

7. 企业性质（State）

不同的产权性质将会对企业产生不同的经济影响。1999 年脱钩改制后，我国的资产评估机构仍与原附属单位有着千丝万缕的联系。评估机构虽作为第三方参与交易评估，但雇主影响的存在可能使评估机构降低独立性，在开展业务时无法很好地保持中立。根据 2005 年 9 月起实施的《企业国有资产评估管理暂行办法》[93] 的规定，国有资产评估过程中，参与企业应积极配合评估师及评估人员展开工作，保证相关信息的合法性和可靠性，完善重大事项披露，不允许对评估过程及评估结果实施干扰；监管部门应及时对企业国有资产评估工作进行事前、事中的监督检查，事后抽查，以杜绝企业和第三方机构为自身利益相互串通，进行舞弊导致评估结果失真，评估质量低下；2020 年 11 月初，财政部党组织开展《完善国有资产报告制度，推动国有资产管理高质量发展》专题讲座，进一步完善国有企业资产评估质量相关内容。企业产权性质的不同，委托方对第三方资产评估机构开展工作时的干预程度也存在差异，进而资产评估的质量也会受到影响。因此，本书控制企业性质：属于国企的赋值为1，否则取0。

8. 年度（Year）

除以上控制变量外，由于不同年度的上市公司关联交易资产评估质量存在较大差别，所以本书还设置了年度（Year）变量，处理成哑变量。

9. 行业（Industry）

根据国家政策的支持和行业内公司的数量，上市公司将因行业而异，不同行业内的激烈竞争和财务状况也将大有差别。鉴于各关联交易项目中，被评估标的往往处于不同的行业，现状与前景均不尽相同，评估工作中需要考量的因素也并不完全一致，所以除以上控制变量外，本书根据证监会行业分类标准，设置了行业（Industry），处理成哑变量。

具体的变量名称与变量含义描述汇总见表5-2。

表 5-2 变量名称与变量含义描述

变量类型	变量名称	变量符号	变量含义描述
被解释变量	资产评估质量	$|Q_{ij}|$	预测盈利值与实际盈利值差额除以预测盈利额
解释变量	募集资金	Refinancing	净资产收益率连续两年大于 6% 的取 1，否则取 0
	微利	MeagerProfit	净资产收益率处于［-1%，1%］之间的取 1，否则取 0
	连续亏损	Deficit	净资产收益率小于 0% 取 1，否则取 0
	关联交易内在动机	Motive	具有以上三个动机中的任意一个取 1，否则取 0
	评估机构综合排名	Rep	交易发生当年评估机构综合排名前 10 取 1，否则取 0
调节变量	市场环境	Inactive	处于非活跃市场下进行评估取 1，否则取 0
控制变量	第一大股东持股比例	TOP1	关联交易发生年第一大股东持股比例
	企业成长性	Growth	［本期主营业务利润／（去年同期主营业务利润 -1）］×100%
	资产负债率	LEV	关联交易发生年末上市公司总负债与总资产的比值
	两权分离度	SEP	上市公司控制权　所有权
	关联交易价格	Price	关联交易成交价格，取自然对数
	上市公司规模	Asset	关联交易发生年末上市公司总资产规模，取自然对数
	企业性质	State	国有企业定义为 1，否则为 0
	年份虚拟变量	Year	评估基准年度虚拟变量
	行业虚拟变量	Industry	被评估资产所属行业虚拟变量

资料来源：参考相应文献，根据研究需要手工整理所得。

三、模型构建

在本章第三节的内容中，详细阐述了所涉及的基本概念和基础理论，并结合前人的优秀研究成果，做出理性分析，随之提出本书的四个合理假设，据此，构建实证模型（5-1）~（5-6），具体内容分析如下。

（一）盈余管理动机、评估机构声誉与资产评估质量

首先根据假设 H1 构建模型（5-1）：

$$|Q_{ij}| = \alpha_0 + \alpha_1 \times \text{Motive} + \alpha_2 \times \text{TOP1} + \alpha_3 \times \text{SEP} + \alpha_4 \times \text{Price} + \alpha_5 \times \text{Growth} + \alpha_6 \times \text{Asset} + \alpha_7 \times \text{LEV} + \alpha_8 \times \text{State} + \alpha_9 \times \text{Year} + \alpha_{10} \times \text{Industry} + \sigma_2$$

模型（5-1）用于研究上市公司关联交易中，潜在盈余管理动机与资产评估质量的相关性，资产评估质量 $|Q_{ij}|$ 为被解释变量，盈余管理动机（Motive）为解释变量，并且对相关影响因素进行控制。其中，α_0 为常数项，σ_1 为随机误差项，α_{1-10} 为模型回归系数。若 Motive 的回归系数 α_1 大于 0 且显著，则说明关联交易中，具有盈余管理动机的上市公司，在收益法下资产评估机构出具的预测盈利值与被评估资产实际实现的净利润之间的偏离更大，资产评估质量越低，因此关联交易中企业的盈余管理动机与资产评估质量呈负相关，验证假设 H1。

根据假设 H1a、H1b、H1c 建立模型（5-2），进一步就关联交易中，潜在盈余管理动机对资产评估质量的影响进行检验。

$$|Q_{ij}| = \alpha_0 + \alpha_1 \times \text{Refinancing} + \alpha_2 \times \text{MeagerProfit} + \alpha_3 \times \text{Deficit} + \alpha_4 \times \text{TOP1} + \alpha_5 \times \text{SEP} + \alpha_6 \times \text{Price} + \alpha_7 \times \text{Growth} + \alpha_8 \times \text{Asset} + \alpha_9 \times \text{LEV} + \alpha_{10} \times \text{State} + \alpha_{11} + \text{Year} + \alpha_{12} \times \text{Industry} + \sigma_2$$

模型（5-2）为进一步研究关联交易动机与资产评估质量的相关性，其中，α_0 为常数项，σ_2 为随机误差项，α_{1-12} 为模型回归系数。若 Refinancing、MeagerProfit、Deficit 的回归系数 α_1、α_2、α_3 都大于 0 且显著，则说明关联交易中，具有潜在筹集资金、微利、连续亏损保市动机的上市公司，在收益法下资产评估机构出具的预测盈利值与被评估资产实际实现的净利润之间的偏离更大，资产评估质量越低，因此 Refinancing、MeagerProfit、Deficit 与资产评估质量呈负相关，验证假设 H1a、H1b、H1c。

根据假设 H2 建立模型（5-3）：

$$|Q_{ij}| = \alpha_0 + \alpha_1 \times \text{Rep} + \alpha_2 \times \text{TOP1} + \alpha_3 \times \text{SEP} + \alpha_4 \times \text{Price} + \alpha_5 \times \text{Growth} + \alpha_6 \times \text{Asset} + \alpha_7 \times \text{LEV} + \alpha_8 \times \text{State} + \alpha_9 \times \text{Year} + \alpha_{10} \times \text{Industry} + \sigma_2$$

模型（5-3）将第三方资产评估机构综合声誉作为主要解释变量，研究其与资产评估质量的相关性。其中，α_0 为常数项，σ_2 为随机误差项，α_{1-10} 为模型回归系数。若评估机构声誉的回归系数 $\acute{a}_1$ 小于 0 并且通过显著检验，则说明关联交易中，评估机构声誉与资产评估质量呈正相关，资产评估机构声誉越名列前茅，上市公司关联交易项目中的资产评估质量越高，从而验证假设 H2。

根据主要变量汇总模型，建立模型（5-4）：

$$|Q_{ij}| = \alpha_0 + \alpha_1 \times \text{Refinancing} + \alpha_2 \times \text{MeagerProfit} + \alpha_3 \times \text{Deficit} + \alpha_4 \times \text{Rep} + \alpha_5 \times \text{TOP1} + \alpha_6 \times \text{SEP} + \alpha_7 \times \text{Price} + \alpha_8 \times \text{Growth} + \alpha_9 \times \text{Asset} + \alpha_{10} \times \text{LEV} + \alpha_{11} + \text{State} + \alpha_{12} \times \text{Year} + \alpha_{13} \times \text{Industry} + \sigma_4$$

其中，α_0 为常数项，σ_4 为随机误差项，α_{1-13} 为模型回归系数。该模型主要检验所有主要解释变量与资产评估质量之间的关系。

（二）市场环境、盈余管理动机、评估机构声誉与资产评估质量

根据 H3 建立模型（5-5）：

$$|Q_{ij}|=\alpha_0 + \alpha_1 \times \text{Motive} + \alpha_2 \times \text{Inactive} + \alpha_3 \times \text{Motive} \times \text{Inactive} + \alpha_4 \times \text{TOP1} + \alpha_5 \times \text{SEP} + \alpha_6 \times \text{Price} + \alpha_7 \times \text{Growth} + \alpha_8 \times \text{Asset} + \alpha_9 \times \text{LEV} + \alpha_{10} \times \text{State} + \alpha_{11} \times \text{Year} + \alpha_{12} \times \text{Industry} + \sigma_5$$

为研究关联交易动机与资产评估质量的相关性，并进一步考虑市场环境（Inactive）的影响，模型（5-5）将资产评估质量作为被解释变量，将关联交易潜在动机作为解释变量，并且控制了影响资产评估质量的相关影响因素。其中，α_0 为常数项，σ_5 为随机误差项，α_{1-12} 为模型回归系数。相比模型（5-1），模型（5-5）增加了市场环境这一变量，并用 Inactive 表示。在这一模型中，于假设检验而言最重要的系数就是 Motive × Inactive 的系数 α_3，它用于验证在考虑市场环境的影响后，关联交易项目中，上市公司潜在盈余管理动机对评估质量之间的负向关系是否仍然显著。若 α_3 为正且显著，则说明在市场越不活跃，即存在 Inactive 赋值为 1 的情况下，上市公司盈余管理动机对被解释变量 $|Q_{ij}|$ 的正向调节效应越强，验证假设 H3。

根据 H4 建立模型（5-6）：

$$|Q_{ij}|=\alpha_0 + \alpha_1 \times \text{Rep} + \alpha_2 \times \text{Inactive} + \alpha_3 \times \text{Rep} \times \text{Inactive} + \alpha_4 \times \text{TOP1} + \alpha_5 \times \text{SEP} + \alpha_6 \times \text{Price} + \alpha_7 \times \text{Growth} + \alpha_8 \times \text{Asset} + \alpha_9 \times \text{LEV} + \alpha_{10} \times \text{State} + \alpha_{11} \times \text{Year} + \alpha_{12} \times \text{Industry} + \sigma_6$$

模型（5-6）在模型（5-2）的基础上，进一步考虑市场环境（Inactive）对评估机构声誉和评估质量间相关性的影响，其中，α_0 为常数项，σ_6 为随机误差项，α_{1-12} 为模型回归系数。与模型（5-5）类似，于假

设检验最重要的系数就是 Rep×Inactive 的系数 α_3。根据预期假设，若 α_3 不为正且显著，则能说明即使在信息充分程度和有效性都低于活跃市场的情况下，在综合声誉排行榜上名列前茅的评估机构仍能保持正常发挥专业水准，高声誉评估机构会削弱非活跃市场环境对降低评估质量的加剧作用，在非活跃市场环境下，保障资产评估的质量；反之，若 α_3 为正或者为负，但不显著，则说明在市场越不活跃，即存在 Inactive 赋值为 1 的情况下，在此时，市场环境对被解释变量 $|Q_{ij}|$ 的负面影响无法通过聘请高声誉第三方评估机构来缓解。

第五节　实证结果与分析

一、描述性统计分析

（一）样本总体情况

表 5-3　全样本描述性统计

变量名称	样本数/个	均值	标准差	最小值	最大值
$|Q_{ij}|$	259	0.5010	0.7440	0.0028	6.5310
Motive	259	0.5250	0.5000	0	1
Refinancing	259	0.2700	0.4450	0	1
MeagerProfit	259	0.1350	0.3430	0	1
Deficit	259	0.1740	0.3800	0	1
Rep	259	0.4980	0.5010	0	1
Inactive	259	0.7490	0.4340	0	1
TOP 1	259	0.3240	0.1500	0.0591	0.8550
SEP	259	0.0404	0.0718	0	0.3960
Price	259	11.6400	1.1570	7.0390	14.7700
Growth	259	0.0964	0.6150	−0.2740	7.2200
Asset	259	13.0700	0.9820	10.3600	16.0900
LEV	259	0.4220	0.2030	0.0459	1.3520
State	259	0.2970	0.4580	0	1

根据前述条件，一共筛选和处理出 259 个样本，描述性统计结果如表 5-3 所示。其中，衡量资产评估质量水平（$|Q_{ij}|$）的均值为 0.5010，最大值为 6.5310，最小值为 0.0028，说明近几年我国关联交易中资产评估质量普遍不高，且质量起伏较大。关联交易中，企业潜在盈余管理动机（Motive）均值为 0.5250，说明在上市公司关联交易中，拥有盈余管理的动机的企业或超过五成比例，其中潜在募集资金动机（Refinancing）占 27%、潜在微利动机（MeagerProfit）占 13.5%、潜在连续亏损保市动机（Deficit）占 17.4%。评估机构声誉（Rep）的均值为 0.4980，说明上市公司关联交易中，企业较为青睐综合排名前 10 的高声誉资产评估机构来对标的资产进行价值评估。市场环境（Inactive）的均值为 0.7490，说明在我国的上市公司关联交易资产估值中，约有 75% 是在非活跃市场下完成的，活跃市场环境相对较少。从第一大股东持股比例（TOP 1）来看，所选样本中第一大股东持股比例最大的为 85.5%，最小的为 5.91%，均值为 32.4%，各上市公司股权集中度差异较大。上市公司两权分离度（SEP）最大值为 39.6%，均值为 4%。关联交易价格（Price）的最大值为 14.770，最小值是 7.0390，均值为 11.6400。本书中上市企业成长性（Growth）所选用的衡量标准是主营业务利润增长率，从表 5-3 中可以看出该指标最小值为 −27.40%，最大值为 722%，这说明上市公司进行关联交易的各上市公司成长性差异非常大。从上市公司规模（Asset）来看，最大值为 16.0900，最小值为 10.3600，标准差值为 0.9820，说明所选上市公司关联交易资产评估样本中不同企业间的规模差异较大。变量资产负债率（LEV）所显示的内容中，均值 0.4220 代表所选样本企业整体资产负债较高，极差为 1.3061 说明不同个体间差异较

大。企业性质（State）的均值为 0.2970，说明所选样本中，非国有企业占比大于国企。

（二）单变量描述性统计

1. 历年资产评估质量

表 5-4　资产评估质量的年份特征

年份	频数	占比 / %	累计占比 / %
2013	14	5.41	5.41
2014	62	23.94	29.35
2015	80	30.89	60.24
2016	56	21.62	81.86
2017	47	18.15	100.00
Total	259	100.00	100.00

根据前述条件，一共筛选和处理出 259 组样本数据。如表 5-4 所示，具体来看，2013 年的上市公司关联交易项目数量占总样本数的 5.41%；2014 年则为 62 例，占比约 1/4；2015 年的上市公司关联交易数量为 80 例，占比超过 30%；2016 年的上市公司关联交易数量为 56 例，占比约为 21.62%；2017 年的上市公司关联交易数量为 47 例，占比约为 18.15%。从 2013 年到 2015 年，我国上市公司关联交易项目实施数逐年攀升，所披露的资产评估报告数量也与日俱增，在 2015 年达到顶峰；而后从 2016 年至 2017 年，随监管愈发完善，上市公司关联交易完成数量逐年减少。

表 5-5　历年资产评估质量整体情况

年份	平均值 /%	标准误 /%	方差 /%	标准差 /%	中位数 /%	最大值 /%	最小值 /%	样本数 /个
2013	47.01	10.43	15.22	39.02	41.15	125.69	6.17	14
2014	31.21	4.85	14.56	38.16	18.90	209.92	0.28	62
2015	56.60	10.04	80.71	89.84	28.17	653.06	1.96	80
2016	61.27	11.01	67.91	82.41	32.17	405.94	4.78	56
2017	51.84	11.32	60.17	77.57	28.72	460.95	2.01	47
13-17	50.15	4.62	55.40	74.43	28.43	653.06	0.28	259

如表 5-5 显示，从总样本来看，2013 年到 2017 年的资产评估质量 $|Q_{ij}|$ 的最大值为 653.06%，最小值为 0.28%，两端极值差距大，总样本方差为 55.40%，其中 2015 年的方差达到 80.71%，2016 年 $|Q_{ij}|$ 的方差为 67.91%，这说明不同上市公司关联交易资产评估质量差异起伏较大，其中 2015 年的资产评估质量波动最大，2016 年次之。2015 年、2016 年、2017 年里，$|Q_{ij}|$ 的中位数分别为 28.17%、32.17%、28.72%，与各年份所对应的均值差异较大，说明存在极端值，因此拉高了平均水平。2014 年到 2016 年 $|Q_{ij}|$ 的均值分别为 31.21%、56.6%、61.27%，呈逐渐上升趋势，2017 年为 51.84%，与前两年相比有所下降但偏离度还是较大，说明 2015 年到 2017 年间，我国上市公司关联交易中资产评估质量整体普遍较差；而从 2017 年开始或有逐渐变好趋势。值得注意的是，2016 年，我国资产评估法正式颁布，配套监督管理办法、基本准则与执业准则也相继出台，进一步规范了资产评估行业行为[92][94][95]；同年，中国证监会再度修订《上市公司重大资产重组管理办法》，其中强调：为抑制关联方交易中出现异常评估值的情况，交易完成后 3 年内必须聘请第三方专业审计机构审核业绩，并在上市公司年报

中单独披露履行情况，若实际盈利数与评估报告盈利预测数间存在超出可允许范围内的差额，则需分析差额成因，若实际盈利小于预测，则需由原资产持有人支付相应补偿款，这或许是 2017 年起资产评估质量有所好转的原因之一，这并非本书范畴，故在此不做深入讨论。

我国证监会为加强监管，优化资产评估质量，使价值评估结果公允地反映上市公司的财务状况和经营成果，进一步改善市场环境，宣布以 20% 作为警戒红线，若上市公司进行关联交易的资产，在未来年度中披露的实际利润实现数与资产评估报告中出具的预测净利润差异率超过 20%，则被认为是重点监察对象，上市公司必须对此公开解释，同时中国证监会将视情况进行事后审查工作[96]。从表 5-6 中所给出的统计数据可以看出，约有 38.61% 的关联交易资产评估质量 $|Q_{ij}|$ 落在小于 20% 的区间内，约 61.39% 的样本超过 20% 的范围，甚至有 10.04% 的样本 $|Q_{ij}|$ 值大于 100%。这说明我国逐步完善监管制度，但在上市公司关联交易中，资产评估质量普遍仍未达到要求，通过估值技术预测的值与实际利润实现数存在较大的偏差。

表 5-6　资产评估质量区间分布

分布区间	［0，20%］	［20%，50］	［50%，100］	［100%，＋∞］
样本量	100	86	47	26
所占比重（％）	38.61	33.20	18.15	10.04

2. 盈余管理动机与资产评估质量

本书根据募集资金、微利、连续亏损三个解释变量的定义，将 259 个上市公司关联交易样本按是否具备潜在盈余管理动机分为两类，并对各年样本量的统计值做出分析。从表 5-7 可以看出，总体来说，具有关联交易潜在盈余管理动机的上市公司关联交易与非动机下进行的关联交易比例相当，起伏并不大。其中，2015 年上市公司关联交易数量较多，样本数量最大，在关联交易中，具有盈余管理动机的上市公司样本数量达到 57.50%。

表 5-7　企业盈余管理动机统计表

	动机	非动机	合计
2013	9	5	14
2014	27	35	62
2015	46	34	80
2016	29	27	56
2017	25	22	47
合计	136	123	259

有关联交易潜在盈余管理动机的上市公司可能会通过购入方向的关联交易来达成盈余管理目的，其对资产评估质量的影响分析如下：如表 5-8 所示，在上市公司购入方向的关联交易中，具有关联交易潜在盈余管理动机的上市公司的 $|Q_{ij}|$ 均值为 72.45%，中位数为 44.74%，远高于没有关联交易内在盈余管理动机的上市公司的均值 25.49%、中位数 16.61%。这样的结果表明，当上市公司拥有通过关联交易来实现盈余管理目标的动机时，价值评估的质量较不具有潜在盈余管理动机时更低；同时，具有潜在盈余管理动机的企业占总样本的 52.5%，说明当上市公司需要筹集资金、徘徊在亏损边缘、面临连亏停牌风险时，会试图通过关联方交易来进行盈余管理。

表 5-8 $|Q_{ij}|$ 与关联交易内在盈余管理动机

	样本数 / 个	平均值 / %	中位数 / %	最小值 / %	最大值 / %
非动机	123	25.49	16.61	0.28	352.84
动机	136	72.45	44.74	1.42	653.06

3. 评估机构声誉与资产评估质量

本书根据关联交易发生当年评估机构综合排名，将 259 个上市公司关联交易样本分为是否选择综合排名前 10 的评估机构进行评估两类，并分析各年样本量的统计值。表 5-9 显示，约有 49.42% 的上市公司更青睐具有声誉高的机构进行评估；综合排名非前 10 名的评估机构所出具评估报告的质量 $|Q_{ij}|$ 的均值为 63.87%，比前 10 机构 $|Q_{ij}|$ 的均值 36.10% 高约两倍。初步认为，在上市公司关联交易评估项目中，综合排名靠前的评估机构测算出的估值结论可能更为公允。

表 5-9 第三方评估机构综合排名与资产评估质量

	样本数 / 个	平均值 / %	中位数 / %
TOP10	128	36.10	21.62
非 TOP10	131	63.87	32.37

4. 市场环境与资产评估质量

考虑到评估项目展开时，我国资本市场的实况发展及市场的信息条件，根据关联交易资产评估报告披露，结合被评估公司的具体情况进行具体分析，本书根据是否在活跃市场下进行评估，将 259 个上市公司关联交易样本分为两类，并对各年样本量的统计值做出分析。从表 5-10 可以看出，活跃市场下进行的资产评估样本数量少，占比大概在 25%，非活跃市场下进行的价值评估占更大比例，约 74.90% 的关联交易资产评估是在非活跃市场下完成的；2015 年至 2017 年，活跃市场占比逐渐缓慢上升。

表 5-10　市场环境描述性统计表

年份	活跃	非活跃	合计
2013	3	11	14
2014	17	45	62
2015	18	62	80
2016	14	42	56
2017	13	34	47
合计	65	194	259

如表 5-11 所示，在非活跃市场下完成评估的 $|Q_{ij}|$ 的均值为 61.61%，远高于在活跃市场下进行评估的 15.94%，而且前者的中位数也高于后者的中位数，初步说明在关联交易中，在非活跃市场下进行资产评估的结果质量比在活跃市场下的要低。

表 5-11　市场环境与资产评估质量

	样本数 / 个	平均值 / %	中位数 / %	最小值 / %	最大值 / %
活跃市场	65	15.94	11.36	0.28	55.73
非活跃市场	194	61.61	33.09	1.98	653.06

二、相关性分析

皮尔森相关系数通常是用于检验各单个变量间的线性关联程度，本书采用该方法进行判断，同时诊断各主要变量间是否出现严重多重共线性问题。

表 5-12　主要变量皮尔森相关系数矩阵

	$\lvert Q_{ij}\rvert$	Motive	Refi	MP	Deficit	Rep	Inactive
$\lvert Q_{ij}\rvert$	1						
Motive	0.335***	1					
Refi	0.167***	0.579***	1				
MP	0.181***	0.376***	-0.241***	1			
Deficit	0.119*	0.436***	-0.279***	0.236***	1		
Rep	-0.266***	-0.104	-0.102	-0.078	0.032	1	
Inactive	0.287***	0.038	0.031	0.046	-0.017	-0.136**	1

注：因表格大小受限，故将变量 Refinancing 简化为 Refi，将变量 MeagerProfit 简化为 MP。*，**，*** 分别表示相关系数在10%、5%、1% 水平上显著。

表5-12 中数据显示，本书衡量关联交易内在动机的虚拟变量（Motive）、募集资金（Refinancing）、微利（MeagerProfit）、资产评估机构声誉（Rep）与衡量资产评估质量的变量 $\lvert Q_{ij}\rvert$ 的相关性系数分别为 0.335、0.167、0.181、-0.266，均在 1% 的水平上显著；连续亏损 Deficit 与 $\lvert Q_{ij}\rvert$ 的相关性系数为 0.119，显著性水平为 10%。其中 Motive、Refinancing、MeagerProfit、Deficit 与 $\lvert Q_{ij}\rvert$ 显著正相关，这说明越是存在盈余管理动机时，在收益法下资产评估机构出具的预测盈利值与被评估资产实际实现的净利润之间的偏离更大，评估质量越低，上市公司在关联交易中存在操纵盈余管理动机与评估质量负相关，均

与预期结果保持一致，初步证明了假设 H1、H1a、H1b、H1c；而 Rep 则与 | Q_{ij} | 呈显著负相关，说明第三方评估机构综合排名越靠前，声誉越高，预测盈利值与实际盈利值的偏差值 | Q_{ij} | 越小，上市公司在关联交易中，评估机构声誉与资产评估质量呈正相关，初步验证了假设 H2。非活跃市场（Inactive）与 | Q_{ij} | 的相关性系数为 0.287，且显著性水平为 1%，这说明相比被评估资产处于活跃市场时，被评估资产处于非活跃市场时，资产评估机构出具的预测盈利值与被评估资产实际实现的净利润之间的偏离更大，与前文预想一致。

此外，表 5-12 还显示了各个变量之间的两两相关性。一般认为，通常 0.6 被作为中度共线的估计极限，且在相关系数在 5% 的水平上显著时，应该考虑各变量之间是否共线性问题，这可以作为一种初步判断多重共线性的方法。据表 5-10，盈余管理动机（Motive）与募集资金（Refinancing）的相关系数最高，达到 0.579，因为这两个虚拟变量间本身高度相关；其余变量间相关系数更是都未超过临界值。据此，本书对多重共线性问题进行初步判定，认为各主要变量之间可能并不存在严重的多重共线性。

三、多元回归分析

（一）盈余管理动机、资产评估机构声誉与资产评估质量

本书对模型（5-1）、（5-2）、（5-3）、（5-4）进行多元回归分析。表 5-13 呈现回归分析结果。

表 5-13　盈余管理动机、资产评估机构声誉与资产评估质量回归分析表

变量	$|Q_{ij}|$			
	模型（5-1）	模型（5-2）	模型（5-3）	模型（5-4）
Motive	0.441***			
	（5.22）			
Refinancing		0.345***		0.303***
		（3.42）		（3.07）
MeagerProfit		0.383***		0.350***
		（2.93）		（2.75）
Deficit		0.277**		0.265**
		（2.28）		（2.25）
Rep			−0.360***	−0.320***
			（−4.15）	（−3.79）
TOP 1	−0.298	−0.263	−0.225	−0.267
	（−1.00）	（−0.87）	（−0.74）	（−0.91）
SEP	−0.511	−0.669	−0.416	−0.526
	（−0.84）	（−1.07）	（−0.67）	（−0.87）
Price	−0.085**	−0.090**	−0.074*	−0.072*
	（−2.10）	（−2.17）	（−1.78）	（−1.78）
Growth	−0.216	−0.137	−0.081	−0.118
	（−0.88）	（−0.54）	（−0.33）	（−0.48）
Asset	0.089	0.097	0.095	0.105*
	（1.56）	（1.62）	（1.62）	（1.82）
LEV	−0.028	−0.013	0.323	0.065
	（−0.11）	（−0.05）	（1.24）	（0.25）
State	0.099	0.094	0.099	0.074
	（1.01）	（0.94）	（0.99）	（0.76）
Constant	0.49	0.426	0.444	0.255
	（0.65）	（0.55）	（0.58）	（0.34）
Year、Industry	控制	控制	控制	控制
Observations	259	259	259	259
R-squared	0.23	0.21	0.20	0.30
F	2.229***	1.877***	1.844***	2.364***

注：括号内为 T 值，*，**，*** 分别表示相关系数在 10%、5%、1% 水平上显著。

模型（5-1）主要用于检验上市公司关联交易中，企业潜在盈余管理动机与资产评估质量的相关性。如表5-13所示，其中，关联交易内在动机（Motive）与资产评估质量相关系数为0.441，T值为5.22，在1%的水平下与 $|Q_{ij}|$ 显著正相关，表明在关联交易中，上市公司存在关联交易内在动机与资产评估质量呈负相关，具有关联交易内在动机的上市公司预测净利润与实际实现值差距大，资产评估质量更低，假设H1成立。

为进一步检验具体上市公司关联交易中，潜在盈余管理动机与资产评估质量的相关性，本书构建模型（5-2）。从模型（5-2）的回归结果可以看出，募集资金（Refinancing）、微利（MeagerProfit）的回归系数分别为0.345、0.383，与 $|Q_{ij}|$ 在1%的水平上显著正相关，连续亏损（Deficit）的回归系数为0.277，大于0且显著性水平为5%，与预期假设保持一致。这表明在关联交易中，存在募集资金的动机、微利时扭亏为盈的动机、连续亏损时力求保市不被摘牌的动机均与资产评估质量呈负相关，故假设H1a、H1b、H1c成立。这可能是因为，当企业业绩不佳或面临融资需求、保市需求时，虚增利润成了企业的目标，而通过关联方交易来实施盈余管理则成了一种隐蔽且相对易于操作的手段。

模型（5-3）主要用于检验上市公司关联交易中，第三方评估机构综合声誉与资产评估质量的相关性。如表5-13所示，其中，资产评估机构声誉（Rep）的回归系数为 -0.360，T值为 -4.15，与资产评估质量 $|Q_{ij}|$ 在1%的水平上显著负相关，说明综合排名靠前、声誉更高的评估机构出具的评估结果中，预测净利润与实际实现值差距更小，资产评估质量更高，验证了假设H2。综合排名高的资产评估机构为了维持自己现有高声誉排名的

体面，以期承接更多项目和更高的收入，故会提供高质量的资产评估服务，而高质量的评估服务也可能会吸引更多客户，反哺于评估机构综合排名；综合排名靠前的高声誉评估机构会受到更多关注，社会和公众对它们更加信赖，要求也会更高，因此他们可能会倾向于保证高质量评估以发挥表率作用；综合排名靠前的高声誉评估机构可能会吸引到更加优秀的人才，组建高质量的专业团队，可能在面对一些需要主观判断的情境时会做出更正确、更公允的选择，从而保障评估质量。

模型（5-4）将本书所设置的主要变量综合起来，考察评估质量影响因素，以进一步检验本书假设。回归分析结果显示：变量募集资金（Refinancing）、微利（MeagerProfit）、连续亏损（Deficit）都与评估质量 $|Q_{ij}|$ 正相关，机构声誉（Rep）则与被解释变量 $|Q_{ij}|$ 负相关，这与前文基本保持一致，假设 H1、H2 得到进一步验证。

除了主要解释变量之外，控制变量中关联交易成交价格（Price）与 $|Q_{ij}|$ 呈显著负相关，说明在上市公司关联交易中，关联交易成交价格越高，资产评估质量越高，可能是因为在面对复杂性相对更高的大宗资产交易的评估中，评估机构在评估工作中会更加谨慎留神，从而正向影响资产评估质量。

综上所述，上述回归分析结果符合先前假设 H1、H2 的预期。

（二）市场环境、盈余管理动机、评估机构声誉与资产评估质量

本节要探讨的是在不同的市场环境下，上市公司在关联交易中存在盈余管理动机对评估质量的影响是否更加显著，以及选择聘请声誉高的资产评估机构，是否仍然能够为资产评估质量保驾护航。

表 5-14 关联交易潜在盈余管理动机、市场环境与资产评估质量回归分析表

变量	回归系数	T 值	方差膨胀系数	容忍度
Motive	0.442***	5.61	1.18	0.8448
Inactive	0.460***	5.00	1.22	0.8213
Motive×Inactive	0.614***	3.55	1.08	0.9298
TOP 1	−0.470*	−1.68	1.30	0.7692
SEP	−0.602	−1.06	1.23	0.8111
Price	−0.055	−1.43	1.42	0.7024
Growth	−0.244	−1.07	1.19	0.8412
Asset	0.067	1.24	2.06	0.4861
LEV	0.077	0.31	1.74	0.5742
State	0.035	0.38	1.36	0.7376
Constant	0.092	0.13		
Year、Industry	控制	控制	控制	控制
R^2		0.333		
Ftest		3.527***		
Sig.		0.000		

注：*，**，*** 分别表示相关系数在 10%、5%、1% 水平上显著。

多元回归分析可以量化多个解释变量对被解释变量的联合影响。在此之前，首先通过容忍度和方差膨胀系数来对各主要变量进行多重共线性诊断。其中，方差膨胀系数与容忍度相乘为 1；方差膨胀系数正常取值范围为 [1，+∞]，通常使用 10 作为估计极限；容忍度取值范围则往往落于区间 [0，1]。方差膨胀系数的值越大、容忍度越小时，则认为共线性越严重。如表 5-14 所示，模型中主要变量间，上市公司规模（Asset）的方差膨胀系数值最大，为 2.06；交互项 Motive × Inactive 的方差膨胀系数值则为最小，为 1.08，均落于正常取值范围内。通过这可以判断，该模型中的

各变量间并没有存在多重共线问题。

为了检验非活跃市场环境对于关联交易中潜在盈余管理动机对资产评估质量的影响的调节效应，本书构建了模型（5-5），生成盈余管理动因（Motive）与市场环境（Inactive）的交互项 Motive × Inactive，其系数能够检验在考虑市场活跃度后，在关联交易中，企业盈余管理动机时的资产价值评估是否仍然会有低质量的评估结果。全样本回归结果如表 5-14 所示，R^2 为 0.333 可以看出调节效应的模型方程的拟合优度尚可。交互项 Motive × Inactive 的回归系数估计值为 0.614，T 值为 3.55，市场环境对企业盈余管理动机的调节效应在 1% 的水平上显著正相关，这表明市场活跃度低，即存在变量市场环境（Inactive）赋值为 1 时，解释变量（Motive）对被解释变量 $|Q_{ij}|$ 的正向调节效应就越强，假设 H3 得到验证，说明提升和完善活跃市场环境，可以有效地削弱、抑制具有潜在盈余管理动机的上市公司影响关联交易资产评估质量的行为。

表 5-15　第三方评估机构声誉、市场环境与资产评估质量回归分析表

变量	回归系数	T 值	方差膨胀系数	容忍度
Rep	−0.316***	−3.82	1.21	0.8232
Inactive	0.458***	4.71	1.26	0.7925
Rep×Inactive	−0.589***	−3.09	1.19	0.8381
TOP 1	−0.407	−1.40	1.30	0.7669
SEP	−0.601	−1.02	1.24	0.8071
Price	−0.05	−1.26	1.44	0.6960
Growth	−0.057	−0.24	1.20	0.8343
Asset	0.081	1.46	2.06	0.4863
LEV	0.373	1.50	1.67	0.6005

续表

变量	回归系数	T 值	方差膨胀系数	容忍度
State	0.03	0.31	1.36	0.7349
Constant	0.057	0.08		
Year、Industry	控制	控制	控制	控制
R^2		0.3		
Ftest		2.792***		
Sig.		0.000		

注：*，**，*** 分别表示相关系数在 10%、5%、1% 水平上显著。

同样，如表 5-15 所示，模型中主要变量间 Asset 的方差膨胀系数值最大，为 2.06；交互项 Rep×Inactive 的方差膨胀系数值则为最小，为 1.19，均落于正常取值范围内，说明各变量间并没有存在多重共线问题。本书通过加入资产评估机构综合声誉（Rep）与市场环境（Inactive）的交互项 Rep×Inactive 构建了模型（5-6），该交互项的系数能够验证在考虑市场环境后，在关联交易价值评估项目中，资产评估机构的声誉与评估质量之间的关系是否会因为市场环境的不同而产生差异，在综合声誉排行榜上名列前茅的评估机构是否仍能保持正常发挥专业水准，在非活跃市场环境下，也能够保障资产评估的质量。通过对模型（5-6）进行回归，模型顺利通过 F 检验，得到的结果显示：交互项 Rep×Inactive 的回归系数为 −0.589，且在 1% 的水平上显著，这表明在考虑市场环境的情况下，即存在环境赋值为 1 时，仍存在综合排名靠前的高声誉评估机构给出的 $|Q_{ij}|$ 更小，评估质量更高的情况，假设 H4 得到验证。

四、稳健性检验

（一）资产评估质量的重新衡量

本书将采取替换被解释变量度量方式的方法进行稳健性检验，以增强多元回归结论的说服力。在本书原模型中，资产评估质量 $|Q_{ij}|$ 是通过在评估报告中收益法下交易完成后净利润预测值与交易完成后经审计的实际盈利数据之差占净利润预测值比重的绝对值来度量的；在稳健性检验中，将参照宋夏云等学者[32]的方法，用收益法下交易完成后净利润预测值与交易完成后经审计的实际净利润的差额，替换度量原被解释变量 $|Q_{ij}|$ 的标准，重新进行多元回归分析，原多元回归中所采用的解释变量与控制变量保持不变，新的被解释变量 $|QUA_{ij}|$ 定义模型（5-7）如下

$$|QUA_{ij}| = |\sum (Forep_{ij} - Actp_{ij})|$$

其中：$|QUA_{ij}|$ 代表第 i 家公司在资产评估日后第 j 年，评估机构对某项资产进行评估的质量；$|Forep_{ij}|$ 代表第 i 家公司在资产评估日后第 j 年的盈利预测额；$|Actp_{ij}|$ 代表第 i 家公司在资产评估日后第 j 年的实际盈利额。

在这个模型中，评估机构出具的资产评估质量与 $|QUA_{ij}|$ 的值呈反比，$|QUA_{ij}|$ 的值越大，表示预测净利润与实际实现值差距大，说明评估质量越低；反之，$|QUA_{ij}|$ 越接近于 0，表示预测净利润与实际实现值差距小，则评估质量越高。

（二）盈余管理动机、资产评估机构声誉与资产评估质量

将重新衡量资产评估质量的指标 $|QUA_{ij}|$ 代入模型（5-1）~（5-4）进行多元线性回归。由表 5-16 可知，模型（5-1）、模型（5-2）中，在关联

交易中，企业内在盈余管理动机（Motive）、募集资金（Refinancing）、微利（MeagerProfit）的回归系数分别为 0.668、0.437、1.043，与新资产评估质量 $|QUA_{ij}|$ 显著正相关；这说明在关联交易中，具有盈余管理动机的上市公司预测净利润与实际实现值差距大，资产评估质量更低，进一步验证了假设 H1、H1a、H1b。

表 5-16　主要变量与资产评估质量的稳健性检验

变量	$\|QUA_{ij}\|$			
	模型（5-1）	模型（5-2）	模型（5-3）	模型（5-4）
Motive	0.668***			
	（3.65）			
Refinancing		0.437**		0.382*
		（2.03）		（1.79）
MeagerProfit		1.043***		1.001***
		（3.76）		（3.63）
Deficit		0.26		0.244
		（1.01）		（0.96）
Rep			−0.482**	−0.414**
			（−2.58）	（−2.26）
TOP 1	−0.736	−0.664	−0.624	−0.669
	（−1.14）	（−1.03）	（−0.96）	（−1.05）
SEP	0.837	0.322	0.953	0.507
	（0.63）	（0.24）	（0.71）	（0.39）
Price	0.490***	0.470***	0.504***	0.492***
	（5.60）	（5.34）	（5.63）	（5.61）
Growth	0.419	0.649	0.618	0.674
	（0.79）	（1.20）	（1.15）	（1.26）
Asset	0.377***	0.409***	0.384***	0.420***
	（3.03）	（3.23）	（3.04）	（3.35）
LEV	−0.088	0.008	0.432	0.108
	（−0.15）	（0.01）	（0.77）	（0.19）

变量	$\lvert QUA_{ij}\rvert$			
	模型（5-1）	模型（5-2）	模型（5-3）	模型（5-4）
State	-0.072	-0.124	-0.067	-0.15
	（-0.34）	（-0.58）	（-0.31）	（-0.71）
Constant	-0.691	-1.065	-0.725	-1.286
	（-0.42）	（-0.65）	（-0.44）	（-0.79）
Year、Industry	控制	控制	控制	控制
Observations	259	259	259	259
R-squared	0.35	0.36	0.33	0.4
F test	3.965***	3.895***	3.646***	4.001***

模型（5-3）中，资产评估机构声誉（Rep）的回归系数为 -0.482，与新定义的变量资产评估质量 $\lvert QUA_{ij}\rvert$ 显著负相关，这说明综合排名靠前、声誉更高的评估机构出具的评估结果中，预测净利润与实际实现值差距更小，资产评估质量更高，进一步验证了假设 H2。但在表 5-16 中显示，连续亏损（Deficit）在统计学意义上不显著，假设 H2c 没有得到进一步的验证。

（三）市场环境、盈余管理动机、评估机构声誉与资产评估质量

将 $\lvert QUA_{ij}\rvert$ 带入本书的调节效应回归模型（5-5）、模型（5-6）中，重新进行多元回归分析。如表 5-17 所示，交互项 Motive × Inactive 的相关系数通过显著性检验，在 1% 的水平上显著，具有正向的调节效应。同时，交互项 Rep × Inactive 的相关系数为 -0.897，在 5% 的水平上显著，与上文的回归结果基本一致，表示模型（5-5）、模型（5-6）通过稳健性检验，假设 H3、H4 得到进一步验证。

表 5-17　市场环境、盈余管理动机、评估机构声誉与资产评估质量稳健性检验

变量	$\left| QUA_{ij} \right|$	
	模型（5-5）	模型（5-6）
Motive	0.671***	
	（4.11）	
Rep		−0.362**
		（−2.08）
Inactive	1.251***	1.244***
	（6.56）	（6.06）
Motive×Inactive	1.639***	
	（4.58）	
Rep×Inactive		−0.897**
		（−2.23）
TOP 1	−1.200**	−1.003
	（−2.08）	（−1.64）
SEP	0.59	0.499
	（0.50）	（0.40）
Price	0.573***	0.571***
	（7.25）	（6.81）
Growth	0.34	0.56
	（0.72）	（1.11）
Asset	0.315***	0.344***
	（2.84）	（2.93）
LEV	0.195	0.579
	（0.38）	（1.11）
State	−0.246	−0.24
	（−1.29）	（−1.19）
Constant	−1.772	−1.815
	（−1.21）	（−1.17）
Year、Industry	控　制	控　制
Observations	259	259
R-squared	0.483	0.422
F test	6.602***	5.165***

注：*，**，*** 分别表示相关系数在 10%、5%、1% 水平上显著。

第六节　研究结论与建议

一、研究结论

为研究上市公司关联交易中，关联交易内在动机和资产评估机构综合声誉与资产评估质量之间的关系，并进一步考虑市场环境的影响，本书在以往研究的基础上，选取 2013 年至 2017 年间，国内上、深交所 A 股上市公司公开披露的既成关联交易的盈利预测和盈利净利润数据作为研究的原始数据，运用实证分析法，分析评估基准日后 3 年内，被评估资产的盈利预测和实际盈利净利润间的差异；探讨了上市公司关联交易中，潜在盈余管理动机和第三方评估机构综合声誉对资产评估质量的影响，以及在考虑市场环境的因素下，关联交易中，第三方评估机构综合声誉和企业存在盈余管理动机与资产评估质量相关关系情况，主要得出以下结论。

第一，关联交易中，上市公司存在盈余管理动机与评估质量呈负相关现象。

具体来说，对模型（5-1）进行多元回归，结果显示，关联交易中，企业盈余管理动机（Motive）与资产评估质量相关系数为 0.441，在 1% 的水平下与 $|Q_{ij}|$ 显著正相关，这表明在关联交易中，上市公司存在潜在盈余管

理动机与资产评估质量呈负相关，具有盈余管理动机的上市公司预测净利润与实际实现值差距大，资产评估质量更低，这一结果证明了假设 H1。接着对假设 H1 进行进一步分析，在关联交易中，上市公司募集资金、微利、连续亏损与资产评估质量呈负相关。对模型（5-2）进行回归，结果显示，募集资金（Refinancing）、微利（MeagerProfit）的回归系数分别为 0.345、0.383，与 $|Q_{ij}|$ 在 1% 的水平上显著正相关，连续亏损（Deficit）的回归系数为 0.277，大于 0 且显著性水平为 5%，表明在关联交易中，募集资金、微利、连续亏损与资产评估质量呈负相关，这结果验证了 H1a、H1b、H1c。这可能是因为，当企业业绩不佳且游走在亏损边缘或面临融资需求、保市需求时，虚增或虚减等调整盈余的事项将成为他们的目标，而关联方交易则作为实现目的的重要手段，这就可能导致资产评估的过程与结果受到一定的干扰，最终于资产评估的质量产生消极影响。

第二，在上市公司关联交易项目价值评估中，第三方评估机构综合声誉与评估质量呈正相关。

本书针对假设 H2 设置了模型（5-4），通过对模型（5-4）的回归分析，得到资产评估机构声誉（Rep）的回归系数为 -0.360，与资产评估质量 $|Q_{ij}|$ 在 1% 的水平上显著负相关。这说明综合排名靠前、声誉更高的评估机构出具的评估结果中，预测净利润与实际实现值差距更小，资产评估质量更高，验证了假设 H2。产生这一结果的可能原因在于，综合排名高的资产评估机构为了维持自己现有的高声誉以获得更多项目和更高的业务收入，会倾向于提供高质量的资产评估服务，而高质量的评估服务也可能会吸引更多客户，承接更多评估项目，从而维持体面的综合排名，形成一种良性循环；

综合排名靠前的高声誉评估机构会受到更多关心和重视，社会和公众会对它们更加信赖，同时也会有更高的要求，承担的社会责任也不同，如果在工作中"翻车"，那么可能在社会与经济两个层面中都受到更大的损失，因此，他们可能会倾向于保证高质量评估以发挥表率作用，在进行评估工作时更加严谨、慎重；综合排名靠前的高声誉评估机构可能会吸引到更加优秀的人才，组建高职业水平、高职业道德、高品质保证的专业团队，可能在面对一些需要主观判断的情境时会做出更好、更正确、更公允的选择，从而保障评估质量。

第三，非活跃市场下，上市公司在关联交易中的盈余管理动机对评估质量的负面影响更加显著。

由描述性统计中表 5-10 和表 5-11 可以看出，在非活跃市场下进行的价值评估，其质量显著低于在活跃市场下进行的价值评估。这表明，在具备活跃市场时，资产评估质量水平相对较高，说明完善市场环境有利于降低企业因存在盈余管理的动机而通过关联方交易实施利润操纵的可能，从而提高上市公司关联交易资产评估质量。在实证中，本书将市场环境作为调节变量，研究在市场环境调节效应下，关联交易中企业盈余管理动机对资产评估质量的影响。针对模型（5-5）进行回归，市场活跃为关联交易潜在动机的调节效应在 1% 的水平上显著正相关，这表明市场活跃度低，即存在非活跃市场赋值为 1 时，解释变量 Motive 对被解释变量的正向调节效应就越强，也就是说，当在非活跃市场下进行评估时，具有关联交易潜在动机而降低关联交易评估质量的可能性会更高，这一结果验证了假设 H3。究其原因，对此做出如下分析：在非活跃市场环境下，资产价值评估受力于评估模型建立、假设提出与相关参数选用等多方面作用，由于信息披露不完全、估价参数的性质和资产评估技术的复杂性，本就涉及大量判断与选择的资产价值计量工作，在此时更将会面对额外的可预见风险及难以度量的不确定性，而通过关联交易进行盈余管理，这样的手段主观且隐蔽，因此资产评估质量会受到影响。

第四，在非活跃市场下，综合排名靠前的高声誉的评估机构仍能在关联交易项目评估中，为资产评估保驾护航。

本书针对假设 H4 设置了模型（5-6），其回归结果显示，即使在信息充分程度和有效性都低于活跃市场的情况下，在综合声誉排行榜上名列前茅的评估机构仍能保持正常发挥专业水准，在非活跃市场环境下，保障资产评估的质量。究其原因，本书对此做出如下分析：首先，资产评估活动从根本上来说，就是收集、筛选、转化、输出信息的过程，当处于非活跃市场环境下时，信息不对称情况比较严重，评估师可以获得的有效信息不够丰富，导致资产评估质量保障复杂化，而排名靠前的高声誉的资产评估机构承接过的业务量数量庞大，在经验上更胜一筹，可以合理地估计复杂环境，专业的团队在面临实际问题时能更好地处理和应对，因此有利于提高资产评估质量。其次，在综合排名中位列高位所带来的经济效益和社会效益都能更大化，作为兼顾中介性与有偿性的第三方高端服务机构，这正是其所追求的目标，本就涉及诸多判断与选择的资产评估工作，当处于非活跃市场环境下时，更将会面对额外的可预见风险及难以度量的不确定性，此时高信誉机构在评估过程中会更加严密审慎，有能力排除外部的人为干扰，维护现有地位，对未来盈利的预测更加合理、公允，从而更能够保障资产评估质量。

二、相关建议

前文总结前述理论和实证检验结果，探讨可能产生研究结果的内在原因，通过进一步分析得出本书的四个主要结论。基于此，笔者就企业发展、评估机构与评估人员、市场环境、行业发展与监管等四个层面提出相关建议：

（一）企业层面

为上市公司关联方交易中的资产评估质量保驾护航，获得更加公允的交易定价，维护资本市场和平稳定的运行，必须正确认识到因利益冲突而产生的委托－代理问题是估值非公允现象产生的根本原因之一。上市公司的内部控制机制是首先必须考虑到的方面，当监事会制度和独立董事的机制加倍受到重视时，企业内部权力制衡系统也将更加完善，从而缓解委托－代理问题。

强化监事会成员的独立性，完善职工代表和少数股东代表参与监事会的有力支持机制，赋予监事会更多合理权力，并在事前、事中、事后进行分步监督，以确保关联交易公允实施，资产评估工作有效展开。

完善独立董事选任机制和独立董事制度，除关键控股股东外，同步重视中小股东的合法权益，妥当协调董事会与监事会之间的冲突，使独立董事履行其应尽的职责，维护中小股东利益，并对公司关联交易的价格是否公平提供独立且合乎事理的见解。

（二）评估机构与评估人员层面

1.评估机构层面

作为独立于评估信息使用者的第三方中介机构，为资产或其他经济权益的交易提供值得信赖的价值参考是资产评估应该履行的基本职能。于关联方交易的公允性、资本市场的发展而言，资产评估的质量颇为重要。评估机构的声誉对评估质量有正向影响，因此，评估机构应该提升综合实力，保持良好的声誉，特别是处于非活跃市场环境下对上市公司关联交易开展评估工作时，在执业过程中保持应有的独立性和谨慎性，不盲目响应客户不良要求；广纳贤才，组建优秀工作团队，重视评估队伍职业继续教育，严肃认真对待每一个项目；完善执业质量的评估机构内部监管制度，复核人员应该充分了解价值估计过程中所进行的评估假设的应用，评估模型选用的原因、相关参数来源与判断，积极认真地对估价模型进行验证和监督，从而保障资产评估质量。刘灿灿、徐明瑜分析期刊《中国资产评估》研究文献收录情况，发现我国高校、评估机构、中评协分别占发文量前三名，从不同角度对行业发展贡献力量[97]。为评估工作培养实用型人才，保障资产评估质量，促进行业和市场可持续发展，应继续大力鼓励高校、评估机构加强合作，紧密关注行业最新动态，共享典型、疑难案例，共同学习与研究。

2. 评估专业人员层面

在开展评估活动时，资产评估师及评估专业人员必须深入学习，透彻地理解并落实资产评估法律法规，在恪守职业道德、实事求是的基础上，独立、客观、公正地进行评估工作。在关联交易评估工作过程中，评估师及评估人员应更充分了解被评估企业资产配置和使用情况；进行预测时，务必对购销结构、毛利率、企业现金流入和流出量、资本成本及其他重要参数指标和估计假设投以特别的重视和足够严密细致的分析，对重要指标的失常变化保持应有的职业审慎态度；当盈利预测数据与历史经营成果和现在的实际经营状况、行业发展状况、市场前景不匹配或存在重大差异时，应当寻求有效证据支撑，并要求关联交易中相关责任人就差异的合理性及可持续性做出说明，评估人员核验过后披露在评估报告中；密切跟踪、分析、披露基准日后发生与预测情况差异重大、会影响评估结论的事项，这样才能保障合理的、高质量的资产评估工作顺利展开与完成。

同时，评估从业人员也要注重自身专业胜任能力。准则在发展，行业在进步，上市公司关联交易评估工作，特别是当处于市场环境不活跃的情况下开展工作时，评估师需要面对诸多判断和选择，从模型的选用到数据的分析都离不开执业判断，因此必须要加强对理论知识的研究，对实践经验的总结，不断积累，提升自己的专业素养。

（三）市场环境层面

加快推进我国市场建设，完善信息披露制度。可以借鉴国际的成功经验，努力发展我国市场经济，完善企业治理结构。在非活跃市场环境下，关联交易中标的资产价值的计量主要由第三方机构的评估专业人员采用估值技术进行评估，相关信息的可获取性会影响评估人员对估值技术的选择。无法取得充分的信息披露时，评估工作的展开必定会面临更多的不确定性与风险，此时需要专业人员进行执业判断，难免会存在主观性与裁量空间。因此，必须积极改善市场环境非活跃时的信息披露制度，缓解非活跃市场环境下信息不对称问题的严重性。扩大与行业低迷市场的价值估计有关的信息和信息共享，可参照财务共享平台，创建时效性强的信息流通交换环境，建立产权交易信息共享数据库等，让先进的互联网大数据技术为评估行业服务，发挥效能，实现实时数据检索，共享信息资源，提高资产评估工作效率，提升服务质量。

加强会计行业与评估行业间的交流合作。资产评估作为专职估值定价机构，以公允价值为目的的资产评估使两个行业有机集合，资产评估为保障会计信息质量做出重要贡献；而评估工作的展开也依托于大量会计信息，使用大量会计计量方法，可以说以公允价值估计为桥梁，会计、审计与资产评估在一定程度上相辅相成。因此，应继续保持良性互动，加强交互理论、实践研究，开展以财务报告为目的的评估、税基评估，使得三者能够互相借鉴，共同发展。

（四）行业监管层面

由第三方机构提供的资产评估服务集智力化、专业化和效率化为一体，是现代社会高端服务业中专业中介服务的中坚力量。于我国的财政管理而言，资产评估行业也处于一种不可或缺的基础性地位。

建立完善的行业监管机制，充分发挥监管部门在非活跃市场环境下上市公司关联交易资产评估中的指引成效。在活跃市场环境下，市场所提供的有效信息足够充分，评估师可以从中获取可靠的数据参考，对标的价值做出更公允、合理的判断；但在非活跃市场环境下，市场信息披露不充分，为提升和保障资产评估质量，监管部门应从宏观调控上给予引导，推进信息披露制度的完善，并建立健全"互联网＋监管"体系，在党的领导下完善联合监管工作机制[98]。

监管部门应该统一规范与要求，细化企业各管理层的责任制度，对关联交易中违规操纵资产评估结果而满足不当利益的上市公司、评估机构和评估人员进行处罚，以儆效尤；厘清责任归属，树立风险意识和责任观，提高自律意识与职业道德水平，减少非活跃市场下的不公平交易，提升资产评估执业质量。

在非活跃市场下时，上市公司关联交易评估中，对具有募集资金、连续亏损、微利等动机的上市公司实行更严格的监管，完善信息披露。加强对资产评估机构及从业人员的管理，重视服务质量，完善资产评估质量评价体系，优化行业发展环境。

三、不足与展望

（一）本书可能存在的局限性

本书旨在研究上市公司关联交易中，企业潜在盈余管理动机、第三方评估机构综合声誉与资产评估质量间的关系，并对市场环境在其中的影响进行进一步探讨，从中得出一些有意义的结论。在研究的整个过程中，已尽全力确保本书尽可能严谨，但仍存在一定的不足之处，具体如下。

第一，由于关联交易资产评估质量相关数据没有一个统一、完整的数据库进行专门披露，所以在相关资料的收集上有一定的局限。本书样本数据采用手工方式，依次收集各上市公司关联交易报告书与年度审计报告，从中记录盈利预测数据和实际盈利数据，所收集到的数据样本容量有限，数据分析结果可能存在一定程度的误差。

第二，变量衡量方式的偏差。受限于数据的可获得性，虽然借鉴前人研究成果，但学术界对资产评估质量、评估机构声誉的度量方式尚待探讨，并未形成一致结论；市场环境受诸多分散因子的影响，其判定是复杂的，活跃市场与非活跃市场间尚未存在明晰且权威的分界线，本书在查阅和归结有关学术研究的基础上，利用估值技术选择上的判断使用排除法进行排除，作为市场环境的衡量方式；此外，本书中运用到的主要解释变量只有0、1分类变量，没有连续型变量，研究的深度有待强化。

第三，本书基于关联方交易视角研究非活跃市场下资产评估质量相关影响因素，实务中关联方交易和资产评估都涉及众多因素，是十分复杂的问题，本书在运用多元线性回归对相关影响因素进行回归分析时，无法全面考虑，存在取舍，一定程度上可能削弱了研究结果的说服力。

（二）未来研究建议

本书基于关联方交易视角，研究非活跃市场下资产评估质量相关影响因素，分析了关联交易中盈余管理动机、第三方评估机构声誉和市场环境对资产评估质量的影响，在未来的研究中，可以就以下几个方面进行进一步探讨。

其一，深入讨论非活跃市场下估值技术应用操作指南的完善，并针对疑难重点资产评估项目做综合案例分析。

其二，运用综合分析法，搭建评价指标体系，发展理论与实证分析，从多方面更加客观地研究资产评估质量影响因素。

其三，深入资产评估、审计、会计三门学科的联动理论、实践研究，为三者间良性互动、共同发展提供理论基础和实务依据，多方位保障资产评估质量。

参考文献

［1］肖心悦.非活跃市场下资产评估质量研究—基于上市公司关联方交易视角［D］.福州：福州大学，2021.

［2］王守海，李淑慧，徐晓彤.公允价值计量层次、审计师行业专长与盈余管理［J］.审计研究，2020（5）：86-95.

［3］中国资产评估协会.中国资产评估行业发展报告（2019）［J］.中国资产评估，2020（1）：4-26.

［4］中国证监会.2019年度内部控制审计、商誉减值审计与评估专题检查情况的通报［EB/OL］.（2019-12-27）［2021-04-15］.http://www.csrc.gov.cn/csrc/c105942/c1500118/content.shtml.

［5］MILLINGTON A F. Accuracy and the Role of the Valuer［J］. *EStates Gazette*, 1985（11）：603-625.

［6］FRENCH N. *A Question of Value*: *a Discussion of Property Pricing and Definitions of Value*［M］. Springer US，2003.

［7］CROSBY N, STEVEN D, GEORGE M, et al. Valuation Accuracy：Reconciling the Timing of the Valuation and Sale［J］. *ERES*, 2003（944）：431-447.

［8］PARKER D R. Valuation Accuracy－An Australian Perspective［C］. 4th Pacific Rim Real Estate Society Conference，1998：18-19.

［9］HAGER D P, LORD DJ. The Property Market, Property Valuations and Property Performance Measurement［J］. *Journal of the Institute of Actuaries*（1886-1994），1985（1）：19-60.

［10］HUTCHISION. Variations in the Capital Valuations of UK Commercial Property［R］.London：Royal Institution of Chartered Surveyors,1996:3-6.

［11］HARVARD T. Why Do Valuers Get it Wrong? A Survey of Senior Commercial Valuation Practitioners［R］. RICS Research Conference－The Cutting Edge，1999：18-28.

［12］WALDY. Valuation Accuracy［C］. 64th FIG Permanent Committee Meeting& International Symposium, *Singapore*, 1997（2）：1-7.

［13］EDWARDS J R. Asset Valuation, Profit Measurement and Path Dependence in Britain to 1800［J］. *The British Accounting Review*，2016（1）：87-101.

［14］［美］亚历山大·罗柏尼可夫.估值的准确性研究［J］.赵振洋，齐舒月，聂梦笛，等译.中国资产评估，2020（2）：52-59.

［15］徐宏宇.资产评估执业质量刍议［J］.锦州师范学院学报（哲学社会科学版），2003（3）：91-93.

［16］刘桂良，彭玉龙.企业价值评估的盈利资本化模型［J］.系统工程，2003（4）：53-55.

［17］姜楠.关于资产评估结果合理性衡量标准的思考［J］.中国资产评估，2005（7）：33-37.

［18］陈亚莉.电力企业资产评估质量问题研究［D］.镇江：江苏大学，2005.

［19］林琳，李艳敏，王建中.评估准确性研究对评估质量评价的启示［J］.经济论坛，2009（9）：102-103.

［20］陈明高.资产评估价值的合理性分析［J］.中国资产评估，2003（4）：24-26.

［21］高岩.论资产评估准确性的标准［J］.辽宁经济，2003（6）：22.

［22］谭宏涛，尉京红，李嘉斌.企业价值评估方法选择及应用［J］.合作经济与科技，2014（4）：64-65.

［23］许小平.资产评估的质量控制［J］.中国资产评估，2000（1）：32-33.

［24］秦璟.国外资产评估准确性研究进展及对中国的启示［J］.经济与管理研究，2012（8）：124-128.

［25］徐丹丹，李向亮，王生龙.虚假资产评估报告界定研究［J］.中国资产评估，2020（5）：27-31.

［26］马海涛，李小荣，张帆.资产评估机构声誉与公司并购重组定价［J］.中国软科学，2017（5）：101-118.

［27］陆德民.上市改组过程中的资产评估：一项实证研究［J］.会计研究，1998（5）：10-17.

［28］周勤业，夏立军，李莫愁.大股东侵害与上市公司资产评估偏差［J］.统计研究，2003（10）：39-44.

［29］翟进步.并购双重定价安排、声誉约束与利益输送［J］.管理评论，2018（6）：212-226.

［30］程凤朝，刘旭，温馨.上市公司并购重组标的资产价值评估与交易定价关系研究［J］.会计研究，2013（8）：40-46.

［31］叶将锋.资产评估机构声誉、环境不确定性与资产评估质量［D］.杭州：浙江财经大学，2019.

［32］宋夏云，叶定飞，厉国威.资产评估质量的影响因素研究——基于上市公司关联方交易视角［J］.南昌大学学报（人文社会科学版），2019（3）：75-84.

［33］JOHNSON S, PORTA R, SILANES F, et al. Tunneling［J］. *American Economic Review*, 2000（2）：22-27.

［34］黄霖华，曲晓辉，张瑞丽.投资性房地产公允价值计量与股价同步性［J］.厦门大学学报（哲学社会科学版），2017（4）：125-134.

［35］严绍兵.雪津啤酒并购溢价分析［J］.中国资产评估，2011（12）：12-15.

［36］李运锋.上市公司资产评估与大股东利益输送［D］.成都：西南财经大学，2007.

［37］王毅.我国上市公司利用资产评估进行盈余管理的研究［D］.北京：首都经济贸易大学，2005.

［38］郭化林，项代有，王平裔.上市公司 δ 值异常：大股东侵害还是盈余管理——基于 2009—2011 年的数据［J］.财经论丛，2014（4）：47-54.

［39］赵善学，施超.上市公司并购重组企业价值评估增值情况研究［J］.中国资产评估，2011（8）：6-11.

［40］程凤朝，刘家鹏.上市公司并购重组定价问题研究［J］.会计研究，2011（11）：40-46.

［41］周浩.上市公司关联方交易信息披露质量评价研究［J］.财会通讯，2014（3）：87-89.

［42］黄小川.上市公司盈余管理研究［J］.商业经济，2018（7）：176-178.

［43］邹家骏.上市企业并购重组中资产评估增值率问题研究［D］.南昌：江西财经大学，2019.

［44］江秀儒.大股东操纵与评估增值率研究［D］.北京：北京交通大学，2019.

［45］邓茜丹，辛清泉.消失的信号：业绩补偿承诺到期前后的商誉减值研究［J］.审计与经济研究，2021（2）：85-94.

［46］杨小丽，尉京红.评估机构社会责任问题的探讨［J］.会计之友（下旬刊），2008（1）：90-91.

［47］毛圆圆.资产评估收费影响因素的实证研究［D］.保定：河北农业大学，2008.

［48］李素英.中国注册资产评估师职业道德研究［D］.保定：河北农业大学，2008.

［49］杨靖.定向增发中的控股股东行为研究［D］.北京：清华大学，2010.

［50］李世雄.控股股东在定向增发中的认购动机与获利手段的实证研究［D］.成都：西南财经大学，2014.

［51］KLAMER P, BAKKER C, GRUIS V. Complexity in valuation practice：an inquiry into valuers' perceptions of task complexity in the Dutch real estate market［J］. *Journal of Property Research*, 2018（3）：209-233..

［52］周娟. 创业板并购重组资产评估问题新探——基于2014—2015年创业板市场并购数据分析［J］. 会计之友，2018（16）：42-47.

［53］耿建新，孙沛霖. 企业并购，商誉减值与资产评估关系研究［J］. 会计之友，2021（5）：11-16.

［54］王世娇. 资产评估机构规模、声誉与资产评估质量关系的实证研究［D］. 保定：河北农业大学，2018.

［55］辛玫瑾. 电力企业并购中资产评估偏差率影响因素研究［D］. 北京：华北电力大学，2019.

［56］谢诗芬. 公允价值计量：中国引入绿色GDP理念和环境会计审计的重要前提［J］. 财经理论与实践，2004（1）：72-76.

［57］吴宗奎. 我国资产评估机构综合评价指标体系构建研究［J］. 中国资产评估，2019（9）：21-24.

［58］谢德仁，何贵华，黄亮华. 新会计准则下我国会计信息价值相关性提升了吗？［J］. 投资研究，2020（3）：35-56.

［59］张程睿，蹇静. 我国上市公司违规信息披露的影响因素研究［J］. 审计研究，2008（1）：75-81.

［60］胡庭清，谢诗芬. 非活跃市场环境下公允价值计量相关问题研究［J］. 当代财经，2011（7）：110-121.

［61］张国华，曲晓辉.市场环境、公允价值输入值层次及估值技术［J］.会计之友，2018（4）：7-10.

［62］盛明泉，李昊.公允价值计量、资产价格波动与金融稳定［J］.中央财经大学学报，2011（4）：87-91.

［63］黄晓芝.公允价值会计信息的资本市场定价效率研究［D］.成都：西南财经大学，2014.

［64］许新霞.公允价值第三级次计量：悖论、成因与改进［J］.会计研究，2011（10）：30-33.

［65］田原.第三层次公允价值运用与会计信息决策有用性［J］.现代营销（下旬刊），2019（8）：218-21.

［66］DECHOW P, SCHRAND C. Understanding earnings quality: A review of the proxies, their determinants and their consequences［J］. *Journal of Accounting and Economics*, 2010（2）: 1-58.

［67］李文耀，许新霞.公允价值计量与盈余管理动机：来自沪深上市公司的经验证据［J］.经济评论，2015（6）：118-131.

［68］王守海，吴双双，张盼盼.非活跃市场条件下公允价值审计研究［J］.审计研究，2014（2）：95-99.

［69］IVSC. International Valuation Standards 2017［EB/OL］.（2017-01-20）［2021-04-15］. http://www.cas.org.cn/docs/2017-01/20170120142445588690.pdf.

［70］李小荣，王田力，马海涛.并购重组中资产评估机构选择存在同行效应吗？［J］.中国软科学，2019（4）：109-124.

［71］中华人民共和国财政部.企业会计准则——关联方关系及其交易的披露［EB/OL］.（2008-06-18）［2021-04-15］. https://sj.hzu.edu.cn/2017/1122/c3464a115809/page.htm.

［72］SCHIPPER K. Commentary on Earnings Management［J］. *Accounting Horizons*，1989（3）：91-103.

［73］HEALY P M, WAHLEN J M. A Review of the Earnings Management Literature and Its Implications for Standard Setting［J］. *Accounting Horizons*，1999（4）：365-385.

［74］JONES J. Earnings Management During Import Relief Investigations［J］. *Journal of Accounting Research*，1991（2）：193-228.

［75］DECHOW P, SLOAN R G, HUTTON A P. Detecting Earnings Management［J］. *The Accounting Review*，1995（2）：193-225.

［76］AKERLOF G. The Market for "Lemons"：Quality Uncertainty and the Market Mechanism［J］. *The Quarterly Journal of Economics*，1970（3）：488-500.

［77］BERLE A，BABEAU A. *The modern corporation and private property*［M］. Macmillan，1932.

［78］JENSEN M.，MECKLING W. Theory of the Firm：Managerial Behavior, Agency Costs and Ownership Structure［J］.*Journal of Financial Economics*，1976（3）：305-360.

［79］谢识予.经济博弈论［M］.上海：复旦大学出版社，2002（1）：396.

［80］组编教育部高教司.西方经济学：微观部分［M］.北京：中国人民大学出版社，2004：18-28.

［81］中国证券监督管理委员会.上市公司证券发行管理办法［EB/OL］.（2006-05-06）［2021-04-15］.http://www.csrc.gov.cn/csrc/c106256/c1653996/content.shtml.

［82］上海证券交易所.关于发布《上海证券交易所股票上市规则（2018年11月修订）》的通知［EB/OL］.（2018-11-16）［2021-04-15］.http://www.sse.com.cn/lawandrules/sserules/listing/stock/c/c_20181116_4678354.shtml.

［83］深圳证券交易所.深圳证券交易所股票上市规则（2020年修订）［EB/OL］.（2020-12-31）［2021-04-15］.http://www.szse.cn/disclosure/listed/warn/rules/P020210515623112772922.pdf.

［84］全国人民代表大会.中华人民共和国公司法［EB/OL］.（2018-11-05）［2021-04-15］.http://www.npc.gov.cn/npc/c12435/201811/68a85058b4c843d1a938420a77da14b4.shtml.

［85］陆建桥.中国亏损上市公司盈余管理实证研究［J］.会计研究，1999（9）：25-35.

［86］蒋大富，熊剑.非经常性损益、会计准则变更与ST公司盈余管理［J］.南开管理评论，2012（4）：151-160.

［87］关月琴，赵迪斐.上市公司关联交易与盈余管理关系实证研究——基于沪市A股上市公司面板数据［J］.财会通讯，2014（3）：61-64.

［88］DEGEORGE F，PATEL J，ZECKHAUSER R. Earnings Management to Exceed Thresholds［J］.*The Journal of Business*，1999（1）：18-38.

［89］BURGSTAHLER D, DICHEV. Earnings Management to Avoid Earnings Decreases and Losses［J］. *Journal of Accounting and Economics*，1997（1）：20-30.

［90］张志红，赵晖.估值判断中的锚定效应研究［J］.中国资产评估，2016（7）：24-31.

［91］温忠麟，侯杰泰，张雷.调节效应与中介效应的比较和应用［J］.心理学报，2005（2）：448-452.

［92］全国人民代表大会.中华人民共和国资产评估法［EB/OL］.（2016-07-04）［2021-04-15］.http://www.npc.gov.cn/npc/c10134/201607/893c120d46814d40b16eac97841899d6.shtml.

［93］国资委产权管理局.国务院国资委第12号令　企业国有资产评估管理暂行办法［EB/OL］.（2005-08-31）［2021-04-15］.http：//www.sasac.gov.cn/n2588025/n2588119/c2695279/content.html.

［94］中华人民共和国财政部.资产评估行业财政监督管理办法［EB/OL］.（2017-04-21）［2021-04-15］.http：//www.mof.gov.cn/zcsjtsgb/gztsgb/201704/t20170421_3578381.htm.

［95］中华人民共和国财政部.财政部关于印发《资产评估基本准则》的通知［EB/OL］.（2017-08-29）［2021-04-15］.http：//www.mof.gov.cn/gp/xxgkml/zcgls/201709/t20170901_2689557.htm.

［96］中国证监会.关于进一步提高上市公司财务信息披露质量的通知［EB/OL］.（2004-01-06）［2021-04-15］.http://www.gov.cn/gongbao/content/2004/content_62930.htm.

［97］刘灿灿，徐明瑜，陈佳欣.中国资产评估理论发展探讨——学者篇［J］.中国资产评估，2021（2）：8-12.

［98］中华人民共和国财政部.加强资产评估行业联合监管若干措施［N］.中国会计报，2021-02-26（7）.

第六章　演化博弈视角下
资产评估质量监管策略研究

第一节 引言[1]

资产评估是由评估机构及评估专业人员根据委托对一定时间上的资产进行评定和估价的过程，评估结论可以为资产业务提供专业化估价咨询，对交易现时价格提供鉴证依据，促进资源优化配置。资产评估质量是有效市场交易行为的重要基础，包括资产评估过程的质量和资产评估结果的质量[2]。只要资产评估价值与市场交易价格间的差异处于可限定的范围内，那么评估结果依然具备准确性[3][4]。林斯蒂尔纳（Reenstierna）在《点估计的替代》中则提出市场具有不确定性，同时评估师对市场的理解也是不确定的，这样评估师准确评估资产价值的难度便进一步加大了[5]。上述观点侧重于对评估结果准确性的讨论，而我国学者沈含澧较早提出评估人员的专业素质和职业操守会影响到评估结果的质量[6]。姜楠、尉京红和秦璟等学者们还将评估过程的规范性纳入考虑考量评估质量的范畴[7][8][9]。影响资产评估质量的重要因素来自客户的压力，评估机构在屈服于客户可能产生的监管处罚与信誉损失、失去客户所付出的代价之间比较，选择是否违规职业[8]。一些规模较小的评估机构迫于生存的压力，通过降低评估收费、提供符合委托方意向的虚假评估报告等方式拉拢客户，使得评估市场不断恶化[10][11]。因此，委托方等利益方对评估机构施加影响、评估市场不正当竞争环境会干扰评估师执业独立性，降低评估质量。克瑞斯庭（Christian）指出在理想的情况下，对企业进行评估是一项艰难而不精确的工作[12]。此外，评估各方提倡"完全不同"的评估的动机，加重了评估公司价值的困难。弗伦奇等人对英国投资资产数据库（IPD）的销售数据与资产评估数据进行分析，发现由于时间迟滞以及估价的公开市场假设条件的不现实，很难判断估价结果是否正确，所以法庭没有将销售价格作为估价证据，而是从估价角度由专家确定正确数据，故估价差异研究问题与错误边际问题相联系[13]。关于资产评估质量监管方面的研究，我国多数学者均持"以惩处为主"的观点。如陈志军等人提出需要加强对资产评估机构和企业管理者的监管和惩罚力度，否则会造成国有资产流失等不利情况[14]；宋夏云等认为当前监管检查力度不够导致评估问题少被发现，即便被监管部门查处，过弱的惩罚力度并不能对评估机构起到惩戒的作用[15]；刘国超等人认为2016年《中华人民共和国资产评估法》和2017年《资产评估行业财政监督管理办法》的出台使得我国的评估行业在获得政策红利的同时，需要接受财政严格监管，大大增加了违法风险[11]。

资产评估质量是评估工作的核心，已有的文献为资产评估质量的界定和影响因素提供了广泛的资料，但这些研究或从定性的角度，或从有限研究样本的定量分析中得出结论，尚未从理性经济人的角度对评估主体行为进行分析。此外，几乎所有的学者认为惩罚是提高评估质量的有效手段。2017年财政部制定的《资产评估行业财政监督管理办法》提出了"行政监管、行业自律与机构自主管理相结合"的监管模式，可见监管部门也持该观点，但现有的研究表明评估市场质量问题依然突出，监管责任依然任重道远。因此，本书基于已有的文献观点，运用博弈论方法，对在现行的法规制度下，以惩处为监管手段对评估主体行为进行分析。本书尝试创新运用演化博弈理论，寻求评估质量监管途径提出引入激励机制，探索规范评估市场，提高资产评估质量的监管策略。

第二节 博弈视角下评估主体行为分析

一、评估机构间博弈行为分析

（一）基本假设

评估市场中存在众多的评估机构，这些规模不等的机构为了提高评估业务量、抢占评估市场，可能会采取压低评估收费、满足委托方"不合规"要求等方式取得评估业务，扰乱评估市场的良性竞争环境。监管部门会对审查发现的这类恶意竞争机构进行惩处，期望恢复市场有序竞争环境。因此，本书基于理性"经济人"的假设，通过评估机构之间恶意竞争的重复博弈分析，提出规范评估机构间竞争行为的有效措施。该博弈假设如下。

（1）博弈的参与者。假设参与竞争的评估机构有两家，分别称为甲评估机构、乙评估机构，参与者均为理性经济人，以各机构利益最大化为前提做出决策。

（2）博弈次序。评估机构之间的博弈属于信息不对称博弈，博弈双方不能知道对方的决策策略，且机构之间做出的策略选择没有先后次序之分。

（3）博弈目的。在通过恶意竞争获取超额利益和不采取恶意竞争获得利益之间进行决策。

（4）收益参数。在单次博弈中，假定评估机构约定的评估收费为$A1$，如果采取恶意竞争，即降低评估收费、事后利益返还等行为，参与恶意竞争的评估机构收费为$A2$，则$A1 > A2$。此外，这类机构会有p的概率受到监管处罚，处罚代价为B，则收益为$A2-B \times p$。

（二）博弈分析

在单次博弈中，如果两家评估机构都选择正常竞争，获得收益为$A1/2$。当其中一家机构采用恶意竞争，获得$A2-B \times p$收益时，另一家机构会丧失本次业务，收益为0。所以，当$A1/2$小于$A2-B \times p$时，参与博弈的评估机构均会选择采取恶意竞争的行为。当$A1/2$大于$A2-B \times p$时，评估机构会同时选择正常竞争或同时选择恶意竞争，形成两个纳什均衡，根据最大最小后悔值原理，参与者会选择恶意竞争降低单次博弈的损失，即均获得$(A2-B \times p)/2$的收益。

随着博弈的次数增加，对于任何一个博弈参与者的欺骗和违约行为，另一个参与者会有机会给予报复。在无限次重复博弈中，评估机构之间可以形成一种默契，以达到彼此利益最大化，形成新的纳什均衡。

表 6-1　评估机构无限次重复博弈收益矩阵

乙评估机构	甲评估机构	
	正常竞争	恶意竞争
正常竞争	$A1, A1$	$0, A2-B \times p$
恶意竞争	$A2-B \times p, 0$	$A2-B*p, A2-B \times p$

如表 6-1 所示，在重复博弈中，如果两家评估机构都选择正常竞争，获得收益为$A1$。上述单次博弈中一家机构采用恶意竞争，获得$A2-B \times p$收

益时，另一家机构会丧失本次业务。因此，在下一次博弈的过程中，之前合规竞争的机构会采取报复行为，也选择恶意竞争，以提高自己的市场份额和收益。在重复博弈后，行业的竞争环境发生恶化，形成一个纳什均衡，即参与者都采取恶意竞争，获得 $A2-B×p$ 的收益。由于 $A1 > A2-B×p$，该纳税均衡为低效率均衡，拉低了评估收益水平。

（三）分析结论

重复博弈结果显示，评估机构均会选择恶意竞争以防止市场业务的流失，产生低效率纳什均衡。整顿评估市场的有效方法是使得单次博弈中的正常竞争收益 $A1/2$ 大于恶意竞争 $A2-B×p$，即监管部门应加重对恶意竞争评估机构的处罚力度，提高 $B×p$，才有可能让评估机构拒绝利益的让渡，创造评估市场的良性竞争环境。

二、评估机构与委托人间的博弈分析

（一）基本假设

在评估过程中，评估机构关注的是如何使自己获得最大收益的同时避免各类风险，机构会根据资产评估相关法规，权衡委托方的要求，决定是否接受评估业务；而委托方关注的是评估结果能否符合自己的预期，并由此获得超额利益。因此，评估机构与委托方之间存在博弈过程，监管部门对查处到的违规评估机构进行惩处，期望评估机构合规经营。基于当前监管环境，本书对评估机构与委托人之间进行博弈分析，博弈假设如下。

（1）博弈的参与者。博弈参与者有两个，即评估委托人和评估机构。

（2）博弈次序。首先由评估委托方寻找评估机构，发出评估委托邀请，评估机构以收到的委托邀约为基础做出策略选择。

（3）博弈目的。博弈双方均以各自的经济利益最大化为决策原则。

（4）收益参数。假设评估委托方对评估机构施加影响，获得期望的评估结果，由此获得的超额收益为 $R1$。如果评估机构选择与委托方合谋，进行违规操作，则评估机构获得 $C1$ 的收益，如果拒绝委托方的要求，则失去单次业务，但依然会获得其他合规委托方的评估委托，得到正常收益 $C3$。因为市场上的评估机构均选择合规，委托方的超额收益为 0。假设评估委托方不对评估机构施加影响，即要求机构正常评估，如果评估机构为获得超额收益降低评估成本，获得超额收益设为 $C2$，而合规的委托方可能会由于不合格的评估报告引发风险，带来 $R2$ 的损失；如果机构遵守评估准则开展评估工作，获得正常收益 $C3$，合规的委托方正常收益为 $R3$，其中 $C1 > C2 > C3$。另假设违规评估的机构会有 p 的概率受到监管处罚，处罚代价为 D。

（二）博弈分析

1.博弈模型

根据上述假设，评估委托方和机构收益矩阵如表 6-2 所示。

表 6-2 评估委托方和评估机构收益矩阵

评估委托方	评估机构	
	无违规行为	违规行为
施加影响	$R1$, $C1-Dp$	0, $C3$
不施加影响	$-R2$, $C2-Dp$	$R3$, $C3$

假设委托方对评估机构施加影响的概率为 x，不施加影响的概率为 $1-x$；评估机构选择违规评估的概率为 y，不做违规评估的概率为 $1-y$。

因此，委托方采取施加影响的期望收益为

$$U_w^x = yR1 + （1-y）\times 0 = yR1$$

委托方不施加影响的期望收益为

$$U_w^{1-x} = y（-R2）+（1-y）R3$$

则，委托方的平均期望收益为

$$EU_w = xyR1 + （1-x）\left[y（-R2）+（1-y）R3 \right]$$

同理，评估机构违规行为的期望收益为

$$U_j^y = x（C1-Dp）+（1-x）（C2-Dp）$$

评估机构无违规行为的期望收益为

$$U_j^{1-y} = xC3 + （1-x）C3 = C3$$

则，评估机构的平均期望收益为

$$EU_j = y\left[x（C1-Dp）+（1-x）（C2-Dp）\right] +（1-y）C3$$

委托方采取施加影响策略时的复制动态方程为

$$F（x）=\frac{dx}{dt}=x（U_w^x - EU_w）= x（1-x）（U_w^x - U_w^{1-x}）=x（1-x）\left[y（R1+R2+R3）-R3 \right]$$

评估机构采取违规行为策略时的复制动态方程为

$$F（y）=\frac{dy}{dt}=y（U_j^y -EU_j）=y（1-y）（U_j^y - U_j^{1-y}）= y（1-y）= y（1-y）\left[x（C1-C2）+（C2-Dp-C3）\right]$$

2. 演化稳定策略分析

令 $F(x)=0$，当 $y_1=\dfrac{R3}{R1+R2+R3}$ 时，$F(x)\equiv 0$；当 $y_1\neq\dfrac{R3}{R1+R2+R3}$ 时，

$x=0$ 或 1。令 $F(y)=0$，当 $x_1=\dfrac{C3-(C2-Dp)}{C1+C2}$ 时，$F(y)\equiv 0$；当 $x_1\neq\dfrac{C3-(C2-Dp)}{C1+C2}$

时，$y=0$ 或 1，则可以得到以下 5 个均衡点：$(0,0)$、$(0,1)$、$(1,0)$、$(1,1)$、(x_1,y_1)。

假设 x_1、y_1 满足 $x_1,y_1\in(0,1)$，采用 *Jacobi* 分析该演化矩阵的局部稳定性，*Jacobi* 矩阵为

$$J=\begin{bmatrix}\dfrac{\partial F(x)}{\partial x} & \dfrac{\partial F(x)}{\partial y}\\[2mm]\dfrac{\partial F(y)}{\partial x} & \dfrac{\partial F(y)}{\partial y}\end{bmatrix}$$

$$=\begin{bmatrix}(1-2x)\left[y(R1+R2+R3)-R3\right] & x(1-x)(R1+R2+R3)\\[2mm] y(1-y)(C1-C2) & (1-2y)\left[x(C1-C2)+(C2-Dp-C3)\right]\end{bmatrix}$$

Jacobi 矩阵的值为

$$\det J=\frac{\partial F(x)}{\partial x}\frac{\partial F(y)}{\partial y}-\frac{\partial F(x)}{\partial y}\frac{\partial F(y)}{\partial x}$$

$$=(1-2x)(1-2y)\left[y(R1+R2+R3)-R3\right]\left[x(C1-C2)+(C2-Dp-C3)\right]-$$
$$xy(1-x)(1-y)(R1+R2+R3)(C1-C2) \qquad (6-1)$$

Jacobi 矩阵的迹为

$$trJ=\frac{\partial F(x)}{\partial x}+\frac{\partial F(y)}{\partial y}=(1-2x)\left[y(R1+R2+R3)-R3\right]+(1-2y)$$
$$\left[x(C1-C2+)+(C2-Dp-C3)\right] \qquad (6-2)$$

均衡点处于局部稳定状态需满足：$\det J>0$，$trJ<0$，此时稳定点将是

演化稳定策略（ESS）。根据式（6-1）和式（6-2），因为$y_1 = \dfrac{R3}{R1+R2+R3} \in$（0，1），则 *Jacobi* 矩阵的行列式和迹在各稳定点的值见表 6-3。

表 6-3　*Jacobi* 矩阵在不同稳定点的行列式和迹

稳定点坐标	*detJ*	*trJ*
（0，0）	$-R3$（$C2-Dp-C3$）	（$C2-Dp-C3$）$-R3$
（0，1）	$-$（$R1+R2$）（$C2-Dp-C3$）	（$R1+R2$）$-$（$C2-Dp-C3$）
（1，0）	$R3$（$C1-Dp-C3$）	$R3+$（$C1-Dp-C3$）
（1，1）	（$R1+R2$）（$C1-Dp-C3$）	$-$（$C1-Dp-C3$）$-$（$R1+R2$）
（x_1，y_1）	$R3$（$C2-Dp-C3$）$\left(1-\dfrac{C3-(C2-Dp)}{C1-C2}\right)\left(1-\dfrac{R3}{R1+R2+R3}\right)$	0

如果 $x_1 = \dfrac{C3-（C2-Dp）}{C1-C2} \in$（0，1），则（$x_1$，$y_1$）在策略空间内，需要讨论 $x_1 = \dfrac{C3-（C2-Dp）}{C1-C2}$ 是否处于（0，1）区间。

（1）当 $C3-$（$C2-Dp$）< 0 时，$x_1 < 0$，（x_1，y_1）不在策略空间内，此时演化博弈均衡点的稳定状态见表 6-4。

表 6-4　$x_1 < 0$ 时均衡点的稳定状态

	（0，0）	（0，1）	（1，0）	（1，1）
detJ	$-$	$-$	$+$	$+$
trJ	不确定	不确定	$+$	$-$
稳定性	鞍点	鞍点	不稳定点	ESS

此时 $C3-(C2-Dp)<0$，正常评估的收益小于违规评估的收益，评估机构选择违规评估策略，评估市场向违规方向演化，（1，1）点均为该情形下演化博弈的 ESS。

（2）当 $0<C3-(C2-Dp)<(C1-C2)$ 时，$0<x_1<1$，$(x_1，y_1)$ 在策略空间内，此时演化博弈均衡点的稳定状态见表6-5。

表 6-5　$0<x_1<1$ 时均衡点的稳定状态

	（0，0）	（0，1）	（1，0）	（1，1）	$(x_1，y_1)$
$detJ$	+	+	+	+	-
trJ	-	+	+	-	0
稳定性	ESS	不稳定	不稳定	ESS	鞍点

此时 $C3-(C2-Dp)<(C1-C2)$，正常评估与违规评估的收益差异小于违规评估收益差额，评估市场可能向违规方向演化，又因为 $C3-(C2-Dp)>0$，即正常评估的收益大于违规评估的收益，评估市场可能向合规方向演化。因此，（0，0）和（1，1）点均为该情形下演化博弈的 ESS。

（3）当 $C3-(C2-Dp)>(C1-C2)$ 时，$x_1>1$，$(x_1，y_1)$ 不在策略空间内，此时演化博弈均衡点的稳定状态见表6-6。

表 6-6　$x_0>1$ 时均衡点的稳定状态

	（0，0）	（0，1）	（1，0）	（1，1）
$detJ$	+	+	-	-
trJ	-	+	不确定	不确定
稳定性	ESS	不稳定	鞍点	鞍点

此时 $C3-(C2-Dp)>(C1-C2)$，正常评估与违规评估的收益差异大于违规评估收益差额，只有（0，0）点为演化博弈鞍点的 ESS 点，即评估机构和委托方均会选择正常评估，评估市场向合规方向演化。

（三）分析结论

上述各均衡点的稳定分析显示：（1）当 $C3-(C2-Dp)<0$ 时，即合规评估收益小于违规评估收益时，评估机构均选择违规策略。因此，监管部门增加惩处 Dp 值的大小，避免出现 $C3-(C2-Dp)<0$ 的情况；（2）当 $0<C3-(C2-Dp)<(C1-C2)$ 时，评估机构可能选择合规评估策略或者违规评估策略，策略的选择依据是评估机构的职业操守和风险承担。因此，只有增加审查概率 p，评估机构出于规避风险考虑选择合规策略；（3）当 $C3-(C2-Dp)>(C1-C2)$ 时，即应加大评估监管机构的监管力度，降低 $(C2-Dp)$ 值，评估机构和委托方才会都选择合规行为，促进评估市场良性竞争。综上所述，在以"惩处为主"的监管机制下，只有增加审查概率 p，加重惩处力度 D，才能规范评估机构合规行为。

第三节　监管机制演化博弈分析

基于评估机构间、评估机构与委托方间的博弈分析结果，评估监管部门须对评估机构实施有效的监管。但一直采取高强度的监管策略会增加时间及物质成本，如果监管力度很低则对评估质量无益。实务中，评估机构的违规行为比率上升时，监管部门会加大监管的力度，当评估机构确认违规成本太大选择正常评估策略时，监管部门认为市场秩序有所好转而降低监管力度，此时评估机构察觉到监管的松动又增加违规行为概率。因此，监管控制是提高评估质量的关键因素，监管部门可以采取激励、惩罚措施达到监管目的，下文将讨论监管部门的惩罚机制演化博弈。基本假设如下。

（1）博弈的参与者。博弈参与者有两个，即评估监管者和评估机构。

（2）博弈次序。该博弈是一个信息不对称的博弈，参与者做出策略选择没有先后时间之分。

（3）博弈目的。博弈双方均以风险控制为决策原则。

（4）收益参数。假设评估机构的正常评估收益为 S，违规评估收益为 V，处罚代价为 D，则评估机构在被审查情况下的违规收益为 $V-D$；监管部门经济利益为 M，审查成本为 N，则监管部门的收益为 $M-N$。

一、只进行"惩罚"机制的演化博弈分析

监管部门与评估结构的收益矩阵见表 6-7。

表 6-7 "惩罚"机制下评估机构与监管部门的收益矩阵

评估机构	评估监管部门	
	审查	不审查
违规评估	V-D, M-N	V, 0
正常评估	S, M-N	S, M

另设监管部门审查比例为 p，评估机构选择违规评估的概率为 q。

因此，评估监管部门采取审查策略期望收益为

$$U_G^p = q\,(M\text{-}N) + (1\text{-}q)\,(M\text{-}N) = M\text{-}N$$

评估监管部门采取不审查策略的期望收益为

$$U_G^{1\text{-}p} = 0 + (1\text{-}q)\,M = (1\text{-}q)\,M$$

则，评估监管部门的平均期望收益为

$$EU_G = p\,(M\text{-}N) + (1\text{-}p)\,(1\text{-}q)\,M$$

评估机构违规行为的期望收益为

$$U_j^q = p\,(V\text{-}D) + (1\text{-}p)\,V = V\text{-}Dp$$

评估机构无违规行为的期望收益为

$$U_j^{1\text{-}q} = S$$

则，评估机构的平均期望收益为

$$EU_j = q\,(V\text{-}Dp) + (1\text{-}q)\,S$$

监管机构采取审查策略时的复制动态方程为

$$F(p)=\frac{dp}{dt}=p(1-p)(U_G^p-U_G^{1-p})=p(1-p)[(M-N)-(1-q)M]=p(1-p)$$
$(qM-N)$

$$F'(p)=(1-2p)(qM-N)$$

当（$qM-N$）>0 时，若 $p=0$，则 $F'(p)>0$，此时的均衡状态为鞍点。若 $p=1$，则 $F'(p)<0$，此时的均衡状态为 ESS，即监管部门需对每一笔评估交易进行审查。当（$qM-N$）<0 时，若 $p=0$，则 $F'(p)<0$，此时的均衡状态为 ESS，即不需要监管部门的审查。若 $p=1$，则 $F'(p)>0$，此时的均衡状态为鞍点。

同理，评估机构采取违规行为策略时的复制动态方程为

$$F(q)=\frac{dq}{dt}=q(U_j^q-EU_j)=q(1-q)(U_j^q-U_j^{1-q})=q(1-q)=q(1-q)$$
$[(V-Dp)-S]$

$$F'(q)=(1-2p)[(V-Dp)-S]$$

当 $[(V-Dp)-S]>0$ 时，若 $q=0$，则 $F'(q)>0$，此时的均衡状态为鞍点。若 $q=1$，则 $F'(q)<0$，此时的均衡状态为 ESS，评估机构选择违规策略。当 $[(V-Dp)-S]<0$ 时，若 $q=0$，则 $F'(q)<0$，此时的均衡状态为 ESS，即评估机构不选择违规操作。若 $q=1$，则 $F'(q)>0$，此时的均衡状态为鞍点。

由上述分析得到，应控制 $[(V-Dp)-S]<0$，监管部门查处到违规评估时应给予重罚，使得违规的成本远大于正常评估收益，此时 $q=0$，评估机构不选择违规操作。结合监管机构的博弈平衡状态结果，均衡状态 ESS 坐标为（1，0），即只有在监管部门对每一笔评估交易进行审查的状态下，评估机构会选择正常评估策略。但逐件审查工作需要付出高额的人力和时间

成本，在实务中难以实现。

二、"激励＋惩罚"机制的演化博弈分析

假设合规的评估机构带来信誉的提升，提高市场份额，获得监管部门的表彰和奖励，设激励部分的收益为 $\pi1$。在加入激励机制下的监管部门和评估机构的收益矩阵见表6-8。

表6-8 "激励＋惩罚"机制下评估机构与监管部门的收益矩阵

评估机构	评估监管部门	
	审查	不审查
违规评估	$V-D, M-N$	$V, 0$
正常评估	$S+\pi1, M-N$	$S+\pi1, M$

评估机构采取违规行为策略时的复制动态方程为

$$F(q) = \frac{dq}{dt} = q(U_j^q - EU_j) = q(1-q)(U_j^q - U_j^{1-q} = q(1-q) = q(1-q)[(V-Dp)-(S+\pi1)]$$

$$F'(q) = (1-2p)[(V-Dp)-(S+\pi1)]$$

当 $[(V-Dp)-(S+\pi1)] > 0$ 时，若 $q=0$，则 $F'(q) > 0$，此时的均衡状态为鞍点。若 $q=1$，则 $F'(q) < 0$，此时的均衡状态为 ESS，评估机构选择违规策略。当 $[(V-Dp)-(S+\pi1)] < 0$ 时，若 $q=0$，则 $F'(q) < 0$，此时的均衡状态为 ESS，即评估机构不选择违规操作。若 $q=1$，则 $F'(q) > 0$，此时的均衡状态为鞍点。分析结果显示，提高激励 $\pi1$ 越大，使得 $[(V-Dp)-(S+\pi1)] < 0$，评估机构选择合规策略。此时监管部门由于违规评估行为发

生事件的下降，会减少审查概率，降低审查成本，逐步往不审查方向演变。此时均衡状态 ESS 坐标为（0，1）。

三、两种机制下委托方与评估机构的收益分析

（一）"惩罚"机制下委托方与评估机构收益

前文中对委托方和评估机构的博弈分析是基于"以惩处为主"的监管机制下的演化博弈，委托方采取施加影响策略时的复制动态方程为

$$F（x）=\frac{dx}{dt}= x（U_w^x-EU_w）= x（1-x）（U_w^x-U_w^{1-x}）= x（1-x）\left[y（R1+R2+R3）-R3 \right]$$

评估机构采取违规行为策略时的复制动态方程为

$$F（y）=\frac{dy}{dt}=y（U_j^y-EU_j）=y（1-y）（U_j^y-U_j^{1-y}）=y（1-y）=y（1-y）\left[x（C1-C2）+（C2-Dp-C3）\right]$$

令 $F（x）=0$，$F（y）=0$，得到 $x_1=\dfrac{C3-（C2-Dp）}{C1-C2}$，$y_1=\dfrac{R3}{R1+R2+R3}$。

前述分析结果显示，委托方和评估机构均有可能选择合规评估和违规评估，图 6-1 为只有"惩罚"机制情况下监管动态演化及收益情况。

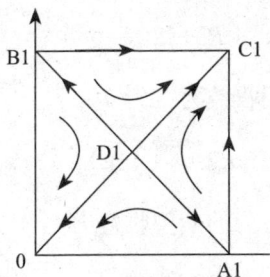

图 6-1　"惩罚"机制下动态演化图

图 6-1 显示，在只进行"惩罚"机制情况的情况下，除非监管部门对每一笔评估交易审查，否则评估机构会在超额收益诱惑下冒险选择违规操作，此时合规的收益面积 $S_{A1IBC1D1}$ 与违规的收益面积 $S_{A1OB1D1}$ 差别不大，只有在不断提高审查概率的情况下，委托方和评估机构往合规方向演化。

（二）"激励＋惩罚"机制下委托方与评估机构的收益分析

假设委托方不施加影响，会增加与评估机构继续合作的可能，同时也提升后续合作中的议价能力，记这部分的超额收益为 $\pi2$。在加入激励机制下的委托方和评估机构的收益矩阵见表 6-9。

表 6-9 "激励＋惩罚"机制下评估机构与委托方的收益矩阵

评估委托方	评估机构	
	违规行为	无违规行为
施加影响	$R1$, $C1-Dp$	0,　　$C3+\pi1$
不施加影响	$-R2$, $C2-Dp$	$R3+\pi2$, $C3+\pi1$

因此，委托方采取施加影响的期望收益为

$U_w^x = yR1 + (1-y) \times 0 = yR1$

委托方不施加影响的期望收益为

$U_w^{1-x} = y(-R2) + (1-y)(R3+\pi2)$

则，委托方的平均期望收益为

$EU_w = xyR1 + (1-x)[y(-R2) + (1-y)(R3+\pi2)]$

同理，评估机构违规行为的期望收益为

$U_j^y = x(C1-Dp) + (1-x)(C2-Dp)$

评估机构无违规行为的期望收益为

$$U_j^{1-y} = x（C3+\pi1）+（1-x）（C3+\pi1）=（C3+\pi1）$$

则，评估机构的平均期望收益为

$$EU_j = y\left[x（C1-Dp）+（1-x）（C2-Dp）\right]+（1-y）（C3+\pi1）$$

委托方采取施加影响策略时的复制动态方程为

$$F（x）=\frac{dx}{dt}=x（U_w^x-EU_w）=x（1-x）（U_w^x-U_w^{1-x}）$$
$$=x（1-x）\left[y（R1+R2+R3+\pi2）-（R3+\pi2）\right]$$

评估机构采取违规行为策略时的复制动态方程为

$$F（y）=\frac{dy}{dt}=y（U_j^y-EU_j）=y（1-y）（U_j^y-U_j^{1-y}）=y（1-y）=y（1-y）$$
$$\left[x（C1-C2）+（C2-Dp-C3-\pi1）\right]$$

令 $F（x）=0$，$F（y）=0$，得到 $x_2=\dfrac{（C3+\pi1）-（C2-Dp）}{C1+C2}$，

$y_2=\dfrac{R3+\pi2}{R1+R2+R3+\pi2}$，此时均衡点的坐标为（$x2$，$y2$）。在加入激励额外收益 $\pi1$、$\pi2$ 和惩罚金 Dp，结合前述评估机构与委托方的演化博弈结果，得出当（$C3+\pi1$）-（$C2-Dp$）>（$C1-C2$），即在激励与惩罚双管齐下时，评估机构和委托方才会都选择合规行为。由于激励具有普遍性，惩罚伴有概率 p，因此应在发现评估机构违规行为时给予重罚 D，才能提高惩罚的效果。图 6-2 为对评估机构与委托方引入"激励＋惩罚"机制情况下的监管动态演化。

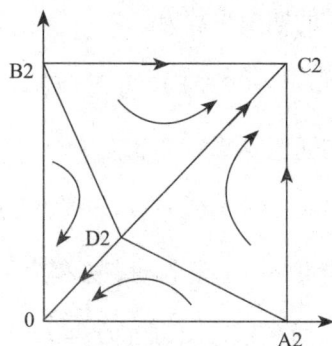

图 6-2 "激励+惩罚"机制下动态演化图

图 6-2 显示，在引入"激励+惩罚"机制情况下，合规的收益面积 $S_{A2B2C2D2}$ 比违规的收益面积 $S_{A2OB2D2}$ 大，且在激励力度与惩罚力度越大的情况下，面积差也越大，委托方和评估机构往合规方向演化的概率也增大。因此，为促进评估市场的有序竞争，监管部门需对评估机构采用鼓励与约束并行的机制，加大对合规行为的激励，促进评估市场健康发展。

第四节　结论

综合评估机构间的博弈、委托方与评估机构间的博弈、监管机制演化博弈的分析可以得出。

（1）在评估机构的无限次重复博弈后，评估机构均会选择恶意竞争，拉低整体评估收益。只有监管部门加大对恶意竞争评估机构的罚金，即提高 $B \times p$，使得单次正常竞争的收益（$A1/2$）大于恶意竞争收益（$A2-B \times p$），才有可能让评估机构拒绝利益的让渡，选择正常竞争策略。

（2）评估机构对合规、违规评估的选择依据为超额收益的大小（$C1-C2$）与被处罚成本 $C3-(C2-Dp)$ 的付出差异。委托方对评估机构是否施加影响，对评估机构的评估策略选择至关重要，而监管部门对委托方缺少处罚手段，助长了委托方的违规行为。

（3）除非监管部门的审查概率 p 趋向于100%，否则评估机构愿意为超额收益冒险选择违规评估，显然惩罚机制不是最有效的市场监管方法。当引入激励机制后，增加了合规评估的超额收益，促使评估机构选择合规策略。同时委托方在施加违规影响不得利，不施加影响会获得合规收益情况下，会放弃对评估机构施加影响，评估市场各主体均往合规方向演化。因此，在"激励＋惩罚"机制下，增加激励和惩处力度，降低审查概率，是提高评估质量、监管评估市场的有效手段。

参考文献

［1］周凌燕．郭晓红．演化博弈视角下资产评估质量策略研究［J］．莆田学院学报，2020（6）：68-76.

［2］鹿亚芹，郭丽华，李名威．刍议资产评估质量的含义及特征［J］．商业时代，2007（16）：82-83.

［3］陈明高．资产评估价值的合理性分析［J］．中国资产评估，2003（4）：24-27.

［4］高岩．论资产评估准确性的标准［J］．辽宁经济，2003（6）：22-24.

［5］REENSTIERNA E T. Alternatives to Point Estimates［J］．*The Appraisal Journal*，2001（4）：115-126.

［6］沈含澧．资产评估典范化的研究［J］．会计研究，1994（1）：11-16.

［7］姜楠．关于资产评估结果合理性衡量标准的思考［J］．中国资产评估，2005（7）：33-37.

［8］尉京红．我国资产评估质量问题研究［D］．天津：天津大学，2007.

［9］秦璟．国外资产评估准确性研究进展及对中国的启示［J］．经济与管理研究，2012（8）：124-128.

［10］周娟．资产评估独立性问题思考［J］．财会月刊，2017（9）：40-43.

［11］刘国超，姜楠.新形势下的评估机构职业风险及其应对［J］.中国资产评估，2018（4）：10-16.

［12］CHRISTIAN J. Henrich. Game Theory and Gonsalves：A Recommendation for Reforming Stockholder Appraisal Actions［C］.*The Business Lawyer*，2001：697-735.

［13］FRENCH N. *A Question of Value: a Discussion of Property Pricing and Definitions of Value*［M］.Springer US，2003.

［14］陈志军，吴震.论我国国有资产评估监管的新模式——基于博弈论视角［J］.福州大学学报（哲学社会科学版），2013（6）：23-27.

［15］宋夏云，叶定飞，厉国威.资产评估质量的影响因素研究——基于上市公司关联方交易视角［J］.南昌大学学报（人文社会科学版），2019（6）：75-84.